平凡詩集

平 凡（施清澤）著

文 史 哲 詩 叢
文史哲出版社印行

平 凡 詩 集

目　錄

序

新　詩

散文詩

悼念平凡

《平凡文集》發行暨五週年紀念刊文

現代詩‧自由魂 (代序)

平 凡

　　詩就是最美的語言，但是每一個文字(尤其是英文字母)都是同樣的不美也不醜，應該怎樣才能讓這些沒有「三圍數字」的文字變得有美感呢？古時有一些聰明的人就發明了利用音節韻律來讓幾行的文字，於被誦唸時能產生優美的腔調，律詩就這樣誕生了，古人對於自己這小小的發明甚感驕傲，並深信這已經是詩最徹底的定義，因而很武斷地下了「有韻為詩，無韻為文」的界說，一班沒有創見的詩人，就這樣盲從了，這個定義就似纏腳布一樣的，把詩束縛了幾千年，傳統詩人就像纏了小腳的人，起初固然感覺行動困難，一旦日久生巧，三寸金蓮，走起路來，反倒覺得異常輕盈自然，近代流行自由詩，許多傳統詩人一旦教他脫掉纏腳布，他反而不懂要怎樣走路了。

　　文字與文字之間的音樂感是語言的外在美，而固定的平仄韻律則是一種人造美，律詩就等於把語言塗上厚厚的化裝品，事實上有一些五言，七絕，如果你嘗試把它的音韻平仄拿掉，它立時會變成完全沒有味道的老文字，當然，不可否認的，有絕大多數的人還是

喜歡那些塗著濃濃的脂粉以及重重的香水氣味的舞女，日本藝妓就是律詩，那未經世故，天真無邪的少女就是自由詩，我們很幸運的，生活在一個自由的社會，不過一個人會選擇一個藝妓，還是會選擇一個天真的少女作為終身伴侶，通常還是會受際遇，審美觀，以至生活習慣的影響以及支配，比喻發明律詩者跟發明化裝品者以及發明纏小腳者就很可能有同樣的審美觀。

　　幾個文字之組合而把思想傳達到人類的頭腦中，於被感應後而在腦海中產生一種境界，這就是所謂的意象，意象跟意象的組合就產生意境，這種思想的境界就是語言的內在美，內在美的境界越高，詩意就越濃厚，這就解釋了傳統詩或簡稱古詩的外在美既然已被化裝品(音韻平仄)油漆得面目全非，失去了語言之純真，樸實，簡單的天然美，為什麼很多古詩還是很有詩意？而且還是十分耐讀呢？就是因為它的內在美的境界高超，古詩的外在美是千篇一律的，不是嗎？所有的五言的平仄音韻都是固定的，所有的七絕的平仄音韻也都是一樣的，塗了濃厚的化裝品之後，讀起來每一首的音韻都一樣美麗音韻都一樣美麗，每一首的外在美都是一模一樣，試問讀者如何分別那一首好，那一首壞？讀者分別古詩之好壞的唯一方法就是分析它的內在美的境界的高低，內在美通常是比較外在美永恆的，內在美的標準似乎也比較外在美的標準不容易改變，何況，大江東去，浪淘盡千古多少風流人物，幾千年來，不知有幾萬

首古詩被淘汰掉了，這些經得起時間之過濾，而留傳下來的精髓理當都是內在美最高超的作品了。

現代詩最大的成就就是把詩「還樸歸真」，把詩自固定的音韻平仄，固定的字數，固定的行數等等人造的束縛之中解放出來，把詩的脂粉鉛華洗掉，把語言的天然美歸還給詩。

現代詩之所以也稱自由詩，它根本就不可能像律詩一樣的能產生固定的形式，因為美是永遠在變的，停止變化也就是停止進步，一種美一經定形，它就會立時成為陳舊，因為進步一停頓，過期或腐化的程序就開始在進行，許多人一直觸摸不到自由詩的實體，許多人感覺到迷路了，他們就乾脆說沒有這條路，其實現代詩不是無路，而是路太多了，變化太多了，任何一條路都可以是路，同時也都可以不是路，正是無招勝有招，無招實則也就是最高的招數。

詩評的眞實地帶

羅　門

　　菲華詩人確寫了不少傑出與有水準的作品，我想特別在此提平凡的一首短詩〈黑人〉來談，也作爲我本文論見的抽樣性的印證。

黑人

伸手不見五指的
人權
臉上
裂開兩排整齊
白得發光的
無言

　　這首以小見大的短詩，可看出作者非凡的觀察力、透視力、想像力與對存在高度的批判力。詩語言的打擊點，全對準靶心與要害，一點都不放鬆。緊抓住對「黑人」第一視覺的強烈對比色面——「黑」與「白」；「黑」與「黑暗」有關，「白」與「光明」有關；作者便將「黑人」推入具有暗示性與強烈對比性的「黑」與「白」

的分光鏡上，使鏡頭由外層的第一視覺快速的照射入內層的第二視覺，透顯出黑人先天性與後天性所潛藏的宿命的不幸命運與悲劇性的存在，是慘痛在心底的，而且痛到「無言」。

　　短短的幾行詩，流不盡的人道、人性、關懷與無聲的血淚，真是讓世界上所有的人權組織，除了啞口無言，便只能將責任推給造物了。

　　這首詩，的確是深沉不動聲色的；言語的爆發力，也是內延不是外現的，給出的思想能量，也相當強大。絕不是在耍文字遊戲，反而是高度的藝術表現：

　　「伸手不見五指的／人權」這行詩，從表面上看，似乎不通，不知所指，但作者寫的是與黑人有關的題材。由裡邊去接「通詩思的航道」，以「跳接鏡」與「混合疊鏡」的電影手法──將（一）黑人在黑暗中伸手去要求「人權」，與（二）黑人在看不見五指的黑暗世界中，圖抓「人權」的手被黑暗吞沒，「人權」便碰不到伸來的手，合成這種錯置、唐突荒謬與反諷性的藝術設計，給詩帶來更多特異的思索空間與表現的效果，是可見的，而且強調創意、非標新立異，若採取平面直敘寫成「在伸手不見五指的黑暗世界裡／如何能找到應有的人權」，則詩語言具隱藏性與立體感的活動空間，便勢必降低變成散文平面直鋪的語言活動空間，「詩危矣」！

　　同樣的，接下來「臉上／裂開兩排整齊／白得發光的／無言」

等詩行，也是成功地運用近似上述詩例所採取的「跳接鏡」與「疊鏡」——從牙齒「兩排整齊白得發光的」的外在鏡，跳到「無言」（屬於對存在強烈抗議）的內在鏡，使鏡頭中顯有相對抗性的兩種境況，仍順處在高景層的混合疊鏡中，凸現詩思與人存在的強大的張力。

尤其是作者先後將黑人生命的特別標籤「黑」與「白」，製作成「黑」與「白」強烈對比的至為單純、精緻與具壓力感的雙拼空間，將黑人「視覺化」的造型凸現出來，進入人類（尤其是美國人）充滿了同情的視境，的確是成功地發揮了詩的功能與威力，再就是我特別要說的——作者在「高見度」的知性主控下，以「擠壓」、「抽離」與「濃縮」的手段，排除了多餘之物與感性，迫出詩思的質點與結構的實度，並有效運用「極簡藝術（MINIMAL ART）」偏用絕對、精準、純粹與簡潔的創作理念，經營出這首不但具有水準而且也是至為標準與傑出的知性詩，是應該被讀者首肯的。

詩的不平凡

──讀平凡的詩

林燿德

　　平凡的現代詩創作，篇幅大多不長，但是精緻獨到。過去很多華文詩的選本常常遺漏了他的作品，其實是編選者的遺憾而不是平凡的遺憾。

　　平凡那些並不平凡的短詩，絲毫沒有短小輕薄的流俗弊害，貌似簡單，卻能蘊藉深厚。全詩只有兩句的〈落日〉：「伊拉克把原油倒入波斯灣／菲律濱把芒果汁倒入馬尼拉灣」。我們看到兩個不同的國度在進行類似的「傾倒」行動，乍看之下沒有什麼特別之處，深思之下卻可以有多重的聯想：第三世界被剝削的實況、歷史中人類浪擲的生命與資源、不斷趨向耗竭的地球……，而且，我們不要忘了這首詩的題目，落日的意象投射在傾倒原油／芒果汁的海洋上，熱帶的水域便不再是浪漫唯美的畫面，而質變爲一個具備人文批判性的特殊時空領域。

　　當然有人會問，到底〈落日〉這首詩想要表達什麼？事實上，

現代詩的兩大特質便在於「質比量大」和「主客互見」；「質比量大」就是詩所負載的意義超過作品在文字表面呈現的意義；而「主客互見」一方面指出創作者（主）和題材（客）之間有彼此投射的關係（主體的情志寄托在客觀世界裡頭，而客觀世界的事物又誘發了主體的思想與情感），另一方面又指出閱讀者（閱讀主體）和作品（被閱讀的客體）之間的交互作用——閱讀者以自己的閱歷學識經歷來解讀作品、形成感悟；相對地，作品也因此被閱讀「重新」創作，作品經過閱讀之後，不再是一個藝術成品而是一個審美的對象。

所以，以今日文學與詩學的思潮來看，過去被視爲曖昧的現代詩，雖然拋棄了古典詩中因循的意象傳統（每一個意象和比喻都有約定俗成的定義和典故），但是卻開展了無限龐大的解讀空間。當然，解讀空間的大小必須以創作者的想像力和思辨力來做爲基礎，才能有效地激發讀者的想像力和思辨力。

以平凡的例子來說，可以舉出〈比薩斜塔〉爲示範：

是一截伸向太空的炮膛

費了一世紀

只移動了十五度角

看來這調準還需費

更多世紀

以求更精確

而目標呢？

爬上塔才發現

地平線　建築物

全被轟得傾斜了

在比薩塔之內

我才發覺

整個世界都傾斜了

至少……十五度

　　作者將義大利的「比薩斜塔」比喻成「一截伸向太空的炮膛」，緩緩地移動角度，就是想像力的發揮。這種想像力在詩中延展出一套意象系統，第三段中將「地平線」、「建築物」一概「轟得傾斜」便是繼承了「炮膛」的意象而來。平凡的思辨趣味——特別是在精悍的短詩之中所謂「詩思」佔據了藝術成敗的關鍵地位——在這首詩中尤其充分呈現。從第一段的外在觀察到第三、四段的內部體驗，透過兩種截然不同的視角，來說明刻板印象中的比薩斜塔也可能反過來「糾正」外在的世界，一切端視我們立足之處在哪裡。

　　能夠呈現不同的視角，就夠成現代詩中思辨特質。而這種思辨
特質固然來自知性的辯證與智慧的運轉，但也夾帶了特殊情境下的
啓悟與情感。文學中的「知」與「感」原本就是一體兩面、彼此觸
發，表面上似乎是對立的因素，實際上卻是相輔相成、互爲唇齒的。
站在塔外看塔，傾斜的只是一座塔；站在塔內看「整個世界」，傾
斜的卻是塔外的一切事物。這不但是詩，而且是一種人類道德與倫
理的反思。在〈戰爭與和平〉一詩中，平凡也指出了另一項爲我們
忽略的真相，那就是「戰爭／只需一言不合」，真正耗費龐大力量
和資源的，反而是所謂的「和平」：

　　　和平

　　　卻要動用億萬大軍　　艦隊

　　　無數的坦克　　戰鬥機　　導彈

　　　人造衛星　　中子彈　　核子武器

　　　億兆的國防預算　　以及

　　　無數次的裁軍會議　　還需

　　　世界第一流外交人才的

　　　又長又臭的演講詞

　　　就這麼簡單的

　　　和平

　　　才僥倖　　暫時得以維持

　　這首詩突出了一項「逆反式」的觀念，那就是戰爭與和平這兩個概念的倒置。在通俗觀念之中，戰爭是極度消耗國力的行動，大家卻很少注意到藉維護和平之名而虛擲的巨大預算，而這種荒謬而弔詭的「和平」正是另外一種戰爭。所謂「冷戰體制」的現實面目在此昭然落揚，更何況有些國度的「和平」訴求根本不是針對國境外「假想敵」的防備，而是基於國境內的統治權術，在此「政軍經」三聯合的體下遂行對於民界的監控與剝削。平凡的〈戰爭與和平〉，透過四兩撥千斤的對立關係，和平是另一種戰爭，而戰爭的單純結果則是另一種和平。

　　在他其他的作品中，如〈醉〉中討論的自我認同問題、〈魚缸〉中處理的海和人造水域的辯證關係、〈鏡中風大〉中刻意凸顯的虛幻與真實的交滲以及〈雨〉中對於「雲」、「海」、「血液」、「淚」和「雨」這一系列液體意象的層遞發展有非凡的處理方式。可以這麼說，〈雨〉這首詩映證了前述的「質比量大」以及另一項現代詩的特質「常變互倚」：

　　　體重最輕時是雲

　　　　最重時是海

　　　淋在皮膚上

　　　流在血管外

　　　透明的血液

是淚

淚又令兩個戀人緊緊依偎
在傘中

從字面意義來說，〈雨〉似乎只描寫了水的各種變化，如果遇到不可理喻的讀者，還會質問為什麼水會變成「透明的血液」（其實這只是文學中的直喻手法），更遑論那些百思不解的「門外漢」一定會懷疑為什麼在〈戰爭與和平〉一詩中會出現「億萬大軍」和「億兆的國防預算」這種無法具體落在現實國家政治的數據（究其實，平凡不過運用了「誇飾」手法罷了）。

不過，從當代的解詩角度來看，〈雨〉絕對是一首好詩。作者透過雨水之「變」而詳究人性之「常」，又藉此人性之「常」來暗示言外之意：所有「水」的變化猶如情感之變化；引伸到字面所暗指的形上涵義，便使得這首詩的文字負載了文字表意（量）之外隱匿的意念。所謂「仙人指月」，重點不在可見之「指」，而在「指」出的「月」；深諳此理的平凡，遂能締造出戛戛獨造的生動詩境。

一九九五年初，菲律濱華文文壇爆發了大規模的現代詩論爭。身處台灣的筆者不由得聯想到五、六〇年代台灣現代詩編爭以及八〇年代末期大陸的朦朧詩論爭。在此標示了台灣、大陸兩地現代詩論爭發生的時序，絕非暗示菲華詩壇「進步」遲於台灣、大陸，而

是要說明這類論爭在往往存在於「期待」現代詩發展的區域中，平凡身爲菲華詩壇的重鎮之一，捲入論爭之中自屬當然。以平凡、月曲了、白凌、陳默、文志爲主導的「千島詩社」和以林健民爲主導的反現代詩陣營，自三月至今論辯不休，關鍵所在，還是菲華文壇對於現代詩的定義和成長還必須經過一段「陣痛期」，才能產生飛躍性的整體成長。（註）

　　不過，回到平凡本身的創作成就來說，他的最大成就便在於語言「當代性」的確立。平凡的詩不假典故，即使富特巧卻在字面上排除了裝飾性的華麗修辭術；對他而言，如何準確地表現深刻的生活體驗與自成一格的世界觀，早已經不是問題，更重要的任務可能是在「言談」（discourse）的層面得到普遍性的支持。平凡的作品令我想到露珠與珍珠：露珠體積小，但是能夠將周圍的環境無比完整地映現在它的弧面上；珍珠的體積也不大，可是卻能凝聚生命的菁華，令人愛不釋手。在平凡的創作中，其內容恰巧可以符應·「仰觀宇宙之大」、「俯察品類之盛」的華族哲學心靈。筆者謹願他與「千島」諸君能夠持之以恆，賡續創作志業。菲律濱詩人、華語詩人這兩種身份，將會毫無衝突地融合在他的創作事業之中。

景　象

王仲煌

—— 讀平凡的〈落日〉
伊拉克把原油倒入波斯灣
菲律濱把芒果汁倒入岷尼拉灣

這首短僅兩行的詩是菲華詩人平凡的作品，詩題是「落日」，就詩題來看，是夠詩意的，但對一些把詩的觀念停留於浪漫抽象的讀者來說，內容可能大出他（她）們的意外。

試著把這首小詩賦於流弧，或者可以說是趨於象徵主義，但卻具有意象弧的表現技巧。意象弧注重於「物象」的體現，要具體不用抽象詞彙，該弧的領袖龐德曾主張：「覓出鮮明的細節，呈現於作品，但不用任何說明」因此，意象弧首先注重於視覺上的效果

但是「落日」一詩並不局限於意象

第一句「伊拉克把原油倒入波斯灣」如果獨立來讀，則只是寫實，而轉到第二句「菲律濱把芒果汁倒入岷尼拉灣」。一般讀者讀到這一句，如果仍頑固於寫實的目光，便可能覺得荒謬。其實，在

這句詩裡，詩人巧妙取菲島本土盛產的「芒果汁」的視覺（色彩）效果，來暗喻「落日」的「霞光」，讀者如能先讀到這一點，就能隨著「黃澄澄」的輕波細浪……進一步窺見詩人筆下的岷灣落日的美景，同時能意會到這句詩並非寫實卻是神來的象徵。

筆者認為動詞「倒」字，對霞光的擴展與變幻的過程有所啓示，我們印象中的落日，一般指臨近海／地平線，開始煥發出夕彩的太陽，但是不止於此，由於這首詩中沒有「落日」的具象的出現，更可能的「落日」已沉於海平線。（而霞光不息，且逐漸地內斂著。）筆者會這樣詮釋，正因為對「倒入」的視野的聯想持續。同時西化的助詞「把」調節詩韻，賦於使這過程發生的時空。

霞光會「內斂」，油卻是會浮上來的

前面試論寫詩的技巧後，而由後句回視前句形成絕對比，則應該讀到這首詩的環保意識吧！看過詩人筆下的岷尼拉灣，並進而測到落日的位置後把視野轉回第一句的景象。我們不免懷疑。

伊拉克波斯灣的落日安在？

當年伊拉克把原油倒入波斯灣，並油海引火，造成包括天下黑油，水族類、海鳥大量死亡等等，污染情形以及對環境的影響，都是不可想像的。

詩人拍攝出聞名於世的岷尼拉灣落日美景，並以關懷心對映波斯灣的恐怖景象，再就其深具本土性的芒果汁的意象來說，對於有

亂拋垃圾的習性的菲律濱人民

　這首小詩正提示著

　環保的可貴與重要性。

詩　評

你我的愛情是爲了家的成功而失敗

瘂　弦

　　把這首詩看作情詩或政治詩都成。以台海兩岸關係喻男女感情，或以男女感情喻台海兩岸關係，正、反向操作，都可以形成言之成理的想像邏輯。

　　有人把兩岸關係(男女感情亦同)比作用水桶朝井中打水，永遠是桶掉進井裏，絕不會是井掉進桶裏。但今天我們遇到一則新的伊索寓言，在聰明的井與更聰明的桶之間，橫互了太多的弔詭，耐人尋味、解讀。

　　度盡劫波兄弟在，相逢一笑泯恩仇。世間事像魯迅說的這麼簡單就好了。除非患白內障的廬山真的認得出五十年前枕邊人的真面目，除非一場樹葉與樹根的大團圓終於等到了那慢郎中的秋天，除非沒有人再以昂貴的導彈嚇唬晚歸的伊人，除非「兩造」不再把「你我的愛情是爲了家的成功而失敗」這句廢話掛在嘴邊……。

　　海峽的悲劇，就是床笫的悲劇！

新　　詩

無　題

畢業那天
走出母校大操場
很想伸一下懶腰，向雲端
讓斜陽把影子拉得更長
以便能把頭搭在天空之中點
拉動地平線，然後如箭
作個振翼之姿
向
太空

或於雨後
撐起竹竿
跳過天邊的彩虹

如今
這患有
心臟病、糖尿病與風濕病……
的身子
只奢望能
不靠拐杖
平隱地
走上幾步

高空詩稿

起飛點是緊張與興奮
「禁止吸煙」的燈亮了
每一顆心都得
「扣上安全帶」
跑道好長
自雙翼下
直伸
展
入

在放大了一千倍的子彈內
空中小姐以英語、日語歡迎你
成為鎗之頭腦裡
五百多顆腦細胞中之一顆
救生衣的示範　提醒你
不妨以幾分鐘的嚴肅來觸摸那
殘酷的萬一

自 POINT BLANK
以 CENTER FIRE 之高火力發射
子彈割傷時空之際
刻下的拋物線之

終點是人類的傷口
高頻率令空氣全以高速
急流著氧的原子
全濃縮了
塞入乘客耳中

超越聲音的速度
城市在腳底縮小
形成地圖
萬物逐一被存入
二度空間之記憶的檔案中

頭稍微一抬
雨中的世界給穿了個洞
射出雲外　雨季被留在雲下
雨是雲的速寫
海無波　反是
雲激起了滿天的浪
以極高速的　慢　動　作
飛出時間之外
台北與岷尼拉之間的距離
就等於打盹與醒覺之間的距離
連雲亦只被鋪成下面的地氈
不再放在窗外裝飾了

解開安全帶

燃上一根煙
暫時忘了地心吸力
東半球已在雷達幕上消失了

爲甚麼不可在二十千尺之高空
飲啤酒、吃餐、閱報
起飛時間是今日
將準備於昨日抵達
飛韓途中

　　　　　　　一九八五年五月稿於兩萬尺高空

天安門事件

中國門戶開放了
天安門的廣場上
學生們用紙
學人家塑造出一尊
自由　民主　清廉的女神

中國現代化了
天安門的廣場上
封鎖新聞以便展覽
中國製造的
醜陋的自動機關槍
遊客都不明白　何以
中國人的槍
槍口彎向自己

天安門的廣場上
中國製造的子彈
真的會忍心射殺
這麼多的中國人

天安門的廣場上
人性是病得很重了

畫一幅臉孔

頭髮是葉子
額上的皺痕是葉下的陰影
眉毛是幼苗
眼睛是果實
（貪睡的樹是沒有果實的）
鼻子是樹身
鬚子是樹根
口唇是地面的裂痕
（水自此灌漑樹根）
牙齒是樹根下的卵石

臉是大地
頭是地球

碧瑤路

一路長長直直的旅途
被唱成
許多條短短曲曲的曲子
窄而驚險的上山路
被笑成
闊而雄壯的名畫
收了笑容
才發覺
笑聲已震動了
不止七千株
海拔七千尺之松樹的樹梢

空氣都被松針打過興奮劑
有一小部份
蹓進你大衣縫裡
看你雙手伸入口袋
拼命緊抓著
在發抖

多帶回幾串「永恆花」Everlasting Flower 吧
它們最配做成名詩作之花邊

包雲松鄉
假日墅莊
只要有誰再朗誦幾行
能止饑的詩句
旅客隨時可以
忘了人間煙火
把牛排當鞋底去跳狄斯戈

讀古詩
好想醉成李白
紹興善釀
傳說是陳了五千年的ＸＯ
你我心中的火熱
已把古詩溫成了現代詩

紹興香雪
瓶塞才被拔開一縫
十幾張黃銅色的臉孔
已不約而同地
醉出民初
每一張臉的皺紋
都愁成同一張地圖
酒已九分
天花板隨時就會轉動
世界本來就轉動得厲害

大男人主義是古詩
女權至上是現代詩
啊哈！你看
酒量淺者
臉都變成紅銅色了

凌晨三時
文咸公園的霧
白得很不透明
露水每滴足有一公斤重
酒吧雪櫃內有
冷凍了一整天的啤酒
巴不得飲一杯入肚內熱一熱

風　箏

其實向太空發展釣魚業這種運動
於地球尚未被污染的童年已頗流行
躺在草地上點數生日蛋糕上的星光
於還沒有洞的臭氧層中始終
找不到用於釣皮膚癌的紫外線
姑且用星光釣回憶
讓幻想放風箏
感情是越放越長
越解越亂的
一團心事
有雲的是最淺的太空
總喜歡把餌沉得好深
好深
沉沒於幾千光年之後
獅子星座，天碣星座的
圍魚場的最底層的地庫停車場
交通阻塞把幾百個太陽系排成銀河

沒有雲
只有星滅的海底
好深的期待
真空的歲月

Dec. 17th, 1993. Manila

單程車票

輕軌鐵路
只往前開
上車處是童年
下車處誰知

每一站的歲月都不同
窗外　季節連接如鐵軌
緊扣的鐵軌是命運互握的鐵腕
扼緊方向
遙控著終點
快樂是一種速度
把昨天與今天之距離
縮成一秒
悲哀的高溫卻
膨脹了時間的長度
這一刻竟然就是永恆

一寸時間　一寸路費　一寸生命
單程票是人生
回程票是宗教
女士、先生
全往

明天　明年　老年或未來
的搭客
帶在你腕上的手錶
就是生命的計程表

火 車

一列平屋在跟高樓大廈賽跑
跌倒在枕木上的腳印是
兩道鐵塑的地平線
終點才自遠方射來
起點又要射去遠方

離別加重逢是圓形的
起點就是終點
離情是那煙囪上
拖泥帶水的雲
拖得再長
最後也只有像淚一樣
都變成手帕中的雨

互不相識的窗口
爲了相同的目的地
相排對坐
臉上不時改變的風景
是一種以相反方向加速的健忘症
只有不理世事的原野
一路悠閒地跟鐵軌平行
像固定座位的星系

重復在軌道上來回
不出軌的生命是另一種
無盡期的流浪

三月二十八日一九九三年脫稿
一九九二年，萬聖節，復稿 馬尼拉，菲律賓

醉（二）

清醒時
在鏡前
總覺得
除了我
鏡外人
都不像
人

醉了
險險
顛入鏡中
去接觸
自己

清醒時
總愛在鏡前
把陰沉的臉裝上
無罪的笑
站個瀟洒豪邁的姿勢
向世界

醉了

好想
顛入鏡中
去擁抱
精神分裂
搖搖欲倒的
自己

一九八五年十月底　稿於辛墾社

奧林匹克

747 波音機以超音射去
電子錶以 QUARTZ 之步伐追去
近代的太空船
尚在
　　　企圖探險宇宙
　　　幻想飛回過去
　　　希望航向未來

奧林匹克的田徑手
自古希臘
擎著聖火
已縱渡幾十年的路
把聖火點燃在
現代世運會上
　　　點燃在
每個運動員的心中

　　　　　　　　一九八五年八月十五日

攝影機

只要眼睛一閃
心中就能記憶下整個世界

宴會
所有的宴客從天邊海角近來
爭前恐後地
擠進這僅能容納一顆眼球的窗口
以真空色的菲林
把全世界的人洗成薄薄的紙
展覽在相簿上，慢慢分析一張張似
臨時佈景一般現實的
匆匆裝上面頰的笑容

照片
簡直是犯有殘疾的錄影帶
又聾
又啞
又行動不便
一張只一厘米平方的底片
偶而也有餘地容納了一個
宇宙

看太空色的天
一個星球
活著是一點光
死了是一粒沙
人類在二度空間的復紙上爭鏡頭
地球就比他們口袋裡一枚最小的錢幣
更小

　　　　　　　一九八三年八月初九日於計順市

冰塊之被同化

冰塊一被投入杯中
固體的個性就
一分分地在溶解
杯中的氣候　容不了
冰塊心中一直堅持著
堅硬　透明的形象　以及
零下四度的優越感
一代　兩代　三代
四代也不算太久
液化的過程是痛苦的
杯中的液體
歡迎冰冷的個性
排斥固體的高傲
總之
冰塊一被投入可樂之中
只得溶化為
黑皮膚的冰汽水
被投入啤酒之中
只得溶化為
金頭髮的冰啤酒
而佈滿杯外的
全是晶瑩的

汗滴
淚滴與
血滴

咖　啡

可以不加糖而加心跳
刺激濃得成純黑色
繁榮都在這種緊張的飲料中尋求鎮靜
眼睛　這對自小就留鬚的唇
清醒地失眠著
為了吻不到睡眠

桌上這小小
昂貴的一杯
現代化的休閒
有時生活還會無聲地浮上杯面
液體的鏡
沉思的顏色
深不見底

純黑而濃熱的體香
興奮了每一張鼻
可以不加運動量而加呼吸的次數
可以不加糖而加心跳
不過
上了年紀的人總愛攪起
糖與牛乳的童年

那些白白的　甜甜的
無咖啡因(DE CAFFEINATED)的日子

　　　　　　　一九八九年八月四日 MANILA

月的種類

中東的月
是以石油點亮的
自回教堂的屋脊看去
一把自古就已出鞘
現在還一直閃亮著戰火的
彎匕的怒眉

美國的月
插著美國國旗
並向世界宣佈：
人類在這月上是沒有重量的
當月球也成了
美國國旗中；第五十顆星光
有人不禁要問：
太空殖民主義是否已在開始

華僑的月
是他唯一不離鄉背井的行李
自家鄉帶來的月光
當不會是第二等的
月光照在回憶上是甜的

月光照在心上是酸的
月光照在眼眶是濕的
家人的照片跟月光
一同掛在壁上
壁上的月光很白很細跟
家中那些寒冷、溫暖的瑣事
合起來定可做成一個
內藏回鄉機票的
中秋月餅

　　　　　　　　　寫於一九九〇年、八月初二、時值
　　　　　　　　　伊拉克出兵佔領科威特

帆

—贈征航文藝社—

傘是雨中的帆
飛機的翼是大氣層中的帆
雲是氣候的帆
書本是知識的帆
邏輯是思想的帆
原則是生命的帆
國旗是國土的帆
創作是藝術的帆

船有遠征的心意
帆是向上撒的網
網著了方向

龍的傳人

長江三峽的浪
是由億萬塊破鏡浮雕而成
浪的性情是激動的
浪以下的生物是冷血的
浪代表江水億萬聲的不平

黃河的水
流動著十億的散沙
誰管得了
再須經過
幾個五千年
這些散沙
才能團結成
不受激流帶動的
盤石

　　　　　　　一九八七年一月十四日岷尼拉

進　化

千人的大樂隊
終於被米粒一樣大的
合成電路
代替
森林
終於被冷氣室中的
一盎盆栽
代替
人類的記憶
終於被薄得像紙的
一片軟體磁碟
代替

人
極端進化之後
只剩下懂得按鈕的
那一根指頭

一九九一年一月九日馬尼拉

陀　螺

風箏需要繩子的不斷牽引
才能向太空高飛
陀螺卻必須擺脫束縛
才能把宇宙旋轉起來
童真總有被轉盡的時候
陀螺的心中只惦記著一根釘
教他站起
又教他倒下
每當感情就將失去平衡之際
再次緊緊的擁抱
像鐘錶的發條
讓時間復活起來
速度是無病的年齡的信仰
生命本來就是一場治不好的病
旋轉太久令人討厭
倒下又是一種可惜的寂寞
最怕
當上帝成熟之後
是不是還會有一位未成熟的孩子
來讓這個世界復活

　　　　　一九九三年十一月二十四日　吻浪村，馬尼拉

坦　克

記得兒時
我有一輛美國製造的坦克
（那時代日本貨沒人要）
舊式的坦克是用於打
侵略我國的日本兵
那時
我的玩伴尊尼是日本兵
他時常不守規則
明明中彈多次
還是不死掉

如今在這場示威運動中
尊尼一中彈就倒下
一手仍抓著他最心愛的 SONY 牌超
　　　　小型錄影機不放
喂！尊尼，站起來
這是我國的坦克呀
可是尊尼就是不要再站起來
他已討厭再重玩這示威遊戲
因為
設備這麼現代化的坦克
反而不懂最基本的敵我規矩

一九九二、一月一日　馬尼拉　吻浪村

熱帶女郎

褐糖
未曾經過物質的漂白
甜蜜堅持著原始的膚色
深夜的咖啡桌上
一碟陽光的影子
性感得像一匙海灘的皮膚
看她跟黑咖啡混在一起
竟喝起了我的衝動
浪的高潮溶解在大石上是夠刺激的

一九九三年、十一月八日，馬尼拉

婚　姻

正與負
對立得互相吸引

戀愛是一種
化學作用
產生一種沉澱叫
婚姻

寫實主義

不管太陽的幾萬億支燭光都集中在照著他
不管女遊客們的眼光從太陽鏡後集中向他發射
不管永遠好奇的攝影機的鏡頭一齊對著他睜眼閉眼
這尊小孩的銅像
還是面不改色　赤裸地站在
廣場中央的
噴水池的
中央
小便

已經快要一百年了

還是學不來
廣場旁邊那個
沒有衣服穿
沒有爹娘管教
到處向人家要飯的
野孩子
隨便在路邊尿尿的姿勢

一九九二年，中秋節，菲京

龍　眼

萬歲的龍
死了
剩下他的眼睛
被急冰在黃色的眼皮中

一睡千年
醒
是被國際果攤上的買家剝食出來的
看到全世界的人都在吃龍眼
不禁想起臨睡之前
當滿朝文武百官三呼萬歲
三跪九叩請安之際頒下的
那道聖旨：
誰膽敢吃龍眼
誅連九族
龍眼的汁真的是甘甜勝蜜

一九九六年二月十四日情人節．馬尼拉

線

風箏的線一斷
手中立刻聽不到 DIALTONE
地址又
寫在最高的風上
想以鳥的翼
來量風的高度
別以為鳥是
沒有線的風箏
森林　陸地
在鳥的心中
是永遠不會斷的
DIALTONE

太陽鏡

黑色的風景中
太陽光跟比基尼泳衣的溫度
同樣暴露
比基尼泳衣的邊界
永遠是地理上最緊張的地帶
集中而不停電的視線
就算再溫柔
也已晒出了
另一種的種族問題

中東項羽

一九九〇、八月二日之後
電視機的明暗調節制
只能調出黑暗的鬍鬚
鬍鬚是鼻子下的一帚把
掃出鋼做的語言
而電視機的縱橫調節制
任你再怎樣調
也調不回
科威特境內的伊拉克軍隊

一九九一年元月出生的嬰兒
都被命名爲 SADDAM
鬍子沾了石油
在全世界報紙上寫近代史
好一個力拔山兮氣蓋世

一九九一、三月之後
當聯軍到處在唱凱旋歌之際
波斯灣是被原油污染成烏江了
而被燒了鬍子的頭
用什麼臉去見
中東父老？

一九九一年三月・吻浪小屋

植物人

閉嘴的門
絕緣體
「謝絕訪客」
四個字
一個字也不通
電流

門
無期徒刑著
房
房內的溫度
調節得跟人情一樣
越久
越冷
日子照不到床上
圓的
方的
人造的時間
不停在壁上
輪迴
戴著氧氣的人造肺
把知覺呼吸得極深

床上
休養著
人類的
一具身價貴重得
很無用的
植物
示波器才是鐘
顯示於其上的
心電圖才是
時間
攝氏 37 度才是
地平線
120/80 才是
水平線
痛楚已過期
剩下的靜寂
冷得永恆
連最後的一聲嘆息
也中途改成了
搖頭
淚滴
祈禱
昂貴的醫藥費是
無助於病情的
鮮花
空氣經消毒之後

已沒有半點人情味
酒精
女護士偏愛的香水
一點溫柔的刺痛
她手中的針管隨時
以微笑消毒過了
經理智過濾
貼身的體貼
偶而衝動一點的
呼吸
也戴著口罩
已消毒的愛撫
衛生的感情

想不到
已空的酒瓶
還能倒出這麼多滴的
心跳
百萬的醫藥費
他不聽
他
眼也不眨一下
他真能把
不聞不問的姿勢
堅持了十年
十年

就連
唇皮也不動一下
就連
以嘴勢說一聲
抱歉
也不肯
只對示波器
不停說他的
心電圖
他的脈搏與
人類的心跳
耗著

病房裡
這場人生
病人是主角
醫生是導演
病家是製片
只是
人道很有耐心
五年
十年
一定得等到
那一天
等他終於
把護士看成

天使
把酒精的氣味嗅成
香蠋味

一九九〇年十一月二十日・馬尼拉

香　蕉

果攤上
掛著的許多對手掌
一律攤開肥大的手指
想是在數算
被剝開的片面廢話
能滑倒多少行人

　　　　　　一九九一年十二月一日

動物園

窗上一條一條鐵做的柵
關得住眼睛
關不住以光速旅行的視線
窗外一條一條水做的柵
困住已經走出門的腳步
大氣層以下是一個大籠子
垂直溜下的是淚
情緒的鐵圍柵
風中飄的長髮
糾纏著感情
社會動物
商業動物
分類關在自己建築的屋子中
雨天
高智商的動物園
一條一條水做的圍柵

傘是通行其間的
一道小門

鏡 (二)

神在鏡中是沒有形相的
因爲祂根本就沒有缺點

人在鏡中認識了鏡前的自己
只有對著鏡
人才停止只看到別人
這時兩個自己面對面
一個是平面的分析
一個是立體的結論
掛在壁上的是理想
站在地上的是現實

穿上時裝
戴上化粧品　甚至
整容
人對著鏡
也看不到自己了

一九八八年一月三十日初稿，一九九二年改寫

鏡 （三）

一面被急凍的現實
面對面的都是
互相模仿　重複的人生

誰笑得出聲音來

芒　果

菲律賓人的好客
甚至把家中
最年青的腎
切成一片一片
潔白的誠意　　或
青脆的熱情
攪些蝦醬
貢獻給你下酒
（根據以形補形的學說，芒果是補腎的。）

青芒果的臉
是初熟女子的甜
蜜的病
未熟的芒果汁
是菲律賓菜的酸湯
熟透的芒果汁
是岷海灣的落日
就算被晒成乾
被賣出國
對著傲慢的海關人員
還是翹起下顎地宣示：
我來自菲律賓

成熟的芒果
在餐桌之海平線上
是即將被吞沒的
熟透了的太陽

無憂的海鮮

　　—爲尚未被綁的華僑而寫—

餐廳魚缸中的生猛海鮮
一條
一條
被網到廚房
煮成清蒸的肥魚

餐廳魚缸中的生猛海鮮
每天還是無憂無慮
若無其事的
在魚缸中游著

　　　　　一九九六年一月六日・馬尼拉，吻浪小屋

聖　餐

聖餐桌上
神父手上高舉一塊肥皂　　向會眾宣示
「這是耶穌的聖體，爲世人而溶解，祂的死令
人類自污穢得救，爲了洗清世人的罪，祂
只得變成溝中骯髒的污水。我們吃這餅，是
爲了紀念祂」

聖餐桌上
以拉丁的咒語
紀念肥皂的洗腦功效
教徒們的思想
又一次被洗成同一種色彩的信仰

聖餐桌上
神父的手在胸前劃了一個十字架
爲了兩千年來肥皂工廠
所造成的思想污染
十字軍跟回教徒的互相殘殺中
神父的手不禁又在胸前劃了一個十字架

深夜過王彬街

夜深得
明天已淺顯可見
馬車留下大小便
汽車留下爭奪而得的停車位
行人留下整條街道
王街留下不回家的雕像

夜深得
黑水河中
一條擱淺了幾百年的龍
已淺顯可見
龍尾爲「發展大岷區」
弓背成北橋
龍腰爲「支持新社會」
伸直成南橋
龍頭是中菲友誼門

夜深得
昨天跟明天已淺顯可見
老父爲了喪失國籍傷痛了整個晚年
兒子爲了菲籍被批准暗中慶幸了半生
夜深得

整條街只剩下餐廳的招牌是純中文的了
穿著菲禮服，王彬先生的銅像
徹夜不眠地站在岷倫洛天主教院邊等
明早
希望神能唸出更多
令龍適應水土的儀式
龍必須活著
穿軍裝的兀鷹在光天化日下盤旋
最深的夜
最淺的
明天
當海潮再高漲
無憂的大魚，小魚
又將蟻集於南北橋

十字印記

教室中
自然科學的考題指定學生
在違反科學思想的言論的
每一個字上
都劃上交叉的記號

教堂中
與神對話前後
神父必跪下來
在胸前劃了一個十字印記
信徒們也都跟著跪下來
在胸前劃了一個十字印記
墓園中
全是考題的答案
墓
全是被劃上交叉記號的

照　片

一面完全停止動作的鏡
密封透不進半點空氣
年青　善良的微笑
不加防腐劑
也不會過期

醒（二）

洗鎗之前
把彈套自
鎗的丹田取出
鎗竟在手中戰慄
我突然明白
爲什麼
酒一醒
醉漢的手
就會膽寒

譯　詩：英、菲

蚊 子

看你小
看小你
小看你

打死你
流的
又是我的血

MOSQUITO

You are tiny
Tiny you are
Are you tiny

To kill you
is to shed
my blood

LAMOK

Ikaw ay munti
Muntika
Ikaw nga ba'y munti

Ang puksain ka
ay pagdanak
ng sariling dugo

帆

傘是雨中的帆
雲是氣候的帆
書是知識的帆
邏輯是思想的帆
原則是生命的帆
國旗是國家的帆
創作是藝術的帆

當船收了錠
帆是向上撒的網
網著了方向

SAIL

An umbrella is a sail amidst the rain
A cloud is a sail of the weather
A book is a sail of knowledge
Logic is the sail of thought
Principle is the sail of life
A flag is the sail of a nation
Creation is the sail of art

When a ship lifts its anchor
The sail is the net that spreads upward
and catches the direction

LAYAG

Ang payong ay ang layag sa gitna ng ulan
Ang ulap ay ang layag ng panahon
Ang aklat ay ang layag ng karunungan
Pangangatuwiran ay ang layag ng kaisipan
Prinsipyo ay ang layag ng buhay
Ang watawat ay ang layag ng bansa
Ang paglikha ay ang layag ng sining

Kapag itinaas ng barko ang kanyang ankla
Ang layag ay siyang lambat na bubuka paitaas
At sasalo sa direksyon

焦　點

冷靜的鎗
得閉起一眼
才能看得準確

中彈的人
等合上雙目
才能看清楚

鎗鼻樑上的十字架
跟
墓上的十字架
完全對稱

FOCUS

As cool as a gun
Close one eye
so as to see with precision

The victim
until he closes both eyes
Thus one can see more clearly

The cross on the top of the gun
and
the cross on top of the grave
are perfectly identical

POKUS

Kasinlamig ng baril
Ipikit ang isang mata
upang masipat ng may katiyakan

Ang biktima
hanggang maisara niya ang dalawang mata
Saka makakakita ng buong linaw

Ang krus sa ibabaw ng baril
at
ang krus sa ibabaw ng puntod
ay ganap na magkatulad

傘 （一）

雨中
打開自己一角落的晴天
冒雨前進
隨手帶走一塊乾淨的天空
總比等在摩天大廈之巨大的屋簷下
自由

有幾根硬骨頭
才能撐著整個天的風雨

UMBRELLA

Amidst the rain
Open thy own corner of sunny day
March forward,brave the rain
hand-carrying with thee a piece of clean, dry sky
So as to have more freedom
than waiting under the gigantic shade of a skyscraper

Having this backbone
enables thee to bear the whole sky full of stormy weather

PAYONG

Sa gitna ng ulan
Buksan mo ang sariling sulok ng tag-araw
Humakbang pasulong, salungatin ang ulan
tangang-kamay mo ang kapirasong malinis at maaliwalas
na himpapawid
Upang magkaroon ng higit na kalayaan
Kaysa maghintay sa ilalim ng naglalakihang gusali

Dahil sa gulugod na ito'y
Nakakayanan mo ang masungit na unos ng panahon

比薩斜塔

是一截伸向太空的炮膛
費了一世紀
只移動了十五度角
看來這調準還需費
更多世紀
以求更精確

而目標呢？

爬上塔才發現
地平線
建築物
全被轟得傾斜了

在比薩塔之內
我才發覺
整個世界都傾斜了
至少……十五度

THE LEANING TOWER OF PISA

It is a cannon's barrel extending towards outer space
It takes a century
just to move 15 degrees
yet the adjustment seems to need
more centuries
to attain more precision

And the target?

Once inside the tower, I suddenly realized
that the horizon
with all its vast constructions
had somehow been shelled

Inside the Pisa Tower
I was enlightened
that the whole world had inclined
At least···15 degrees

ANG NAKAHILIG NA TORE NG PISA

Ito'y bariles ng kanyon na umaabot hanggang sa labas ng
kalawakan
Isang siglo ang kinailangan
Upang maigalaw sa anggulong labing-limang antas
Wari y ang pagsasaayos ay nangangailangan din
ng marami pang siglo
upang makamit ang higit pang katiyakan

At ang tudlaan ?

Sa sandaling ako'y naroon sa loob ng tore, aking natanto
na ang abot-tanaw
pati ang kanyang mga malalawak na gusali
ay tila nabomba

Sa loob ng Tore ng Pisa
ako'y naliwanagan
na ang mundo'y nakahilig
sa ano't-anoman··· labing-limang antas

焦黑的早餐

焦黑的土司
焦黑的煎蛋
焦黑的火腿
焦黑的咖啡

才要翻開早報
蹲在架上的鸚鵡
已搶先把標題讀出；

又要貶值了
又要軍變了

閉起雙眼，看到的是；
幾張社會缺乏光線的照片
兩顆焦慮失眠眼睛的大特寫
一片貶縮得只剩二十一分之一大的菲幣
一杯富有煽動性濃香黑的政治

睜開雙眼，早餐的肉體又呈現在碟中：
焦黑的土司
焦黑的煎蛋

焦黑的火腿
焦黑的咖啡

誰能不吃出
一整天焦黑的心情
算誰夠定力

1987.3 月 25 日馬尼拉

SCORCHED BREAKFAST

Scorched toasts
Scorched fried eggs
Scorched ham
Scorched coffee

Upon opening the morning news
The parrot crouched on the rack
Rushed ahead and screamed out the headlines;

    IT'S DEVALUATION AGAIN!
    IT'S COUP D'ETAT AGAIN!

Close both eyes, and what you see are:
Several under-exposed pictures of society
enlarged close-ups of two worried, sleepless eyes
A peso coin shrank to 1/21 of its former size
A cup of thick, aromatic, highly provocative black politics

Open your eyes and the breakfast body appears anew on the
plate:
Scorched toasts

Scorched fried eggs
Scorched ham
Scorched coffee

Whoever can consume such a breakfast
Without becoming scorchy the whole day
Surely has great powers of concentration

SUNOG NA AGAHAN

Sunog na tinapay
Sunog na pritong itlog
Sunog na hamon
Sunog na kape

At sa pagbukas ng pang-umagang balita
Ang loro na nakayukyok sa tuntungan
Ay agad na binasa ang mga ulo ng balita:

DEBALWASYON NA NAMAN!
COPU D'ETAT NA NAMAN!

Ipikit ang mga mata, at iyong makikita:
Napakaraming kulang-sa-pagkakahantad na mga larawan ng
    lipunan
Mga pinalaking larawan ng dalawang matang nag-aalala at
    hindi makatulog
Isang piso na umurong na sa 1/21 ng dati niyang sukat
Isang tasa ng makapal, mabango' t lubhang nakakapagpuyos na
    maitim na pulitika

Buksan ang dalawang mata, at muling makikita ang agahan sa
    plato:
Sunog na tinapay
Sunog na pritong itlog
Sunog na hamon
Sunog na kape

Sinumang makaka-ubos ng ganitong klaseng agahan
na hindi makakaramdam ng pagkasunog sa buong araw
ay tiyak na nagtataglay ng napakatibay na konsentrasyon

駱　駝

當風瘋狂地愛撫著沙之際
沙漠頓時變成了多浪的海
而風令沙叫喊翻滾於
床上
有人教兩個浪蹲下來
讓他跨上去
再起程
放眼天邊
誰又教一群這麼大的駱駝
蹲在雲間
靜靜地等

CAMEL

When the wind crazily caresses the sand
The desert instantly turns into a wavy ocean
The wind makes the sand shout, twist
in bed
Somebody asked two waves to squat
To let him scale
and then to go on with the journey
Behold, at the far end of the horizon
Who asked a group of such gigantic camels
to squat amidst the clouds
And wait quietly

KAMELYO

Kapag ang buhangin ay baliw na hinahaplos ng hangin

Ang disyerto'y biglang iinog sa isang maalong dagat

Pinasisigaw, pinasasayaw ng hangin ang buhangin

sa higaan

May humiling sa dalawang alon na maningkayad

At hayaan siyang manimbang

bago ipagpatuloy ang paglalakbay

Masdan, sa dulo ng abot-tanaw

Sinong humiling sa maraming naglalakihang kamelyo

na maningkayad sa gitna ng mga ulap

at maghintay ng tahimik

門　鈕

門鈴的鈕是
屋子的乳暈
一按下
屋子就有開門讓你進入的衝動

THE DOORBELL'S KNOB

The button of the door bell
is the nipple of the house
Press it
and the house has the impulse to open its door to let you enter

ANG PINDUTAN NG TIMBRE NG PINTUAN

Ang pindutan ng timbre ng pintuan
ay ang utong ng tahanan
Pindutin ito
at nag bahay ay may bugsong buksan ang kanyang pintuan
upang ika'y makapasok

鏡中風大

風在水面雕刻皺痕
時間是鏡中的風
常到鏡中
臉上定會被吹起波浪

THE WIND BLOWS HARD
INSIDE THE MIRROR

The wind carves wrinkles upon the surface of the water

Time is the wind inside the mirror

Frequently come to the mirror

Waves that will surely be blown up to your face

ANG HANGIN AY UMIHIP NG
MALAKAS SA LOOB NG SALAMIN

Ang hangin ay uukit ng mga lukot sa ibabaw ng tubig

Oras ay ang hangin sa loob ng salamin

Madalas ay daratal sa salamin

mga along tiyak na sasabog sa iyong mukha

雨

體重最輕時是雲
最重時是海
淋在皮膚上
流在血管外
透明的血液
是淚

淚又令兩個戀人緊緊依偎
在傘中

RAIN

When it's body's weight is in the minimum,it is the cloud
　　　　in the maximum,it is the sea
Pouring upon the skin
flowing outside the arteries
those transparent blood
are tears

Tears that, once again, bring two lovers to embrace
under one umbrella

ULAN

Kapag ang timbang ng kanyang katawan ay nasa mababa,
ito ay ulap
kapag nasa mataas, ito ay dagat
Bumubuhos sa balat
dumadaloy sa labas ng mga ugat
iyang mga naaaninag na dugo
ay mga luha

Mga luha na,muli'y,pagyayapusin ang magsing-irog
sa ilalim ng isang payong

魚　缸

冷靜透明的臉上
閃著鑽石的眼神
鋁合金的骨以九十度角
緊緊擁抱著一身
玻璃的肌肉
體內流著海洋
冰冷的血
海被包裝
坐在桌上
只得風平浪靜

這裡沒有夜
沒有營養不良
沒有颱風
更鼓不起巨浪海嘯

只是有
數道無色無形
人造的牆
把世界侷限得這麼小

AQUARIUM

Upon the cold, transparent face
flashes the eye-sight of a diamond
Bones made of aluminum alloy in ninety-degree angles
tightly embrace a body
with muscles of glass
Inside this body flows an ocean
of ice-cold blood
The sea repackaged
sitting on top of the table
has to remain calm

Here, there is no evening
no malnutrition
no typhoon
much less the chance of a tidal wave or a whirlpool

There are but
a few colorless, shapeless
artificial walls
that limit this world and make it small

AQUARIUM

Sa malamig at naaaninag na mukha
Kumikislap ang kisap-mata ng isang brilyante
Butong gawa sa tumbagang aluminyo sa siyamnapu' t antas na
anggulo
ay mahigpit na nakayakap sa isang katawang
likha ng kalamnang yari sa salamin
Sa katawang ito'y dumadaloy ang isang dagat
ng mala-niyebeng dugo
Ang dagat na muling ikinaha
na nakapatong sa ibabaw ng lamesa
ay kailangang manatiling payapa

Dito ay walang gabi
Walang tag-gutom
Walang bagyo
Lalo' t walang pagkakataon ng tsunami o ng whirlpool

Ngunit dito'y mayroong
Ilan lamang na walang kulay, walang hugis
at artispisyal na mga haligi
na nagtatakda at nagpapaliit sa mundong ito

落 日

伊拉克把原油倒入波斯灣
菲律賓把芒果汁倒入馬尼拉灣

SUNSET

The Iraqis pour crude oil into the Persian Gulf
The Filipinos pour mango juice into the Manila Bay

PAGLUBOG NG ARAW

Ang mga Irakis ay nagbubuhos ng langis sa Golpo ng Persia

Ang mga Pilipino ay nagbubuhos ng katas ng Mangga sa Manila

de Bay

民主程序

捉到一隻無血的蚊子
一考慮到人權的問題
又考慮到罪證之不足
只得放牠飛

等牠讓人患了失眠症
等牠吸飽了血
等牠把病注射到人體
等人死於寒熱病
等人死於愛滋病
等立法者結束了關於恢復死刑的辯論
等人僱得好律師
等立法者及法官的妻子也都被蚊子打了一針
等法官終於判了蚊子的死刑

蚊子已壽極老死多年了

DEMOCRATIC DUE PROCESS

A bloodless mosquito is caught
But considering the issue of human rights
And the lack of prima-facie evidence
You have to set it free

Wait until it causes people insomnia
Wait until it sucks enough blood
Wait until it injects diseases into the human body
Wait until men die of malaria
Wait until men die of A.I.D.S
Wait until the lawmakers are through with their debates on the
    re-imposition of the death penalty
Wait until the victims are able to hire good lawyers
Wait until the lawmakers and the judges'wives are also injected
    by the mosquito
Wait until the judge finally pronounce the death sentence on the
    mosquito
THE MOSQUITO WOULD HAVE LONG SINCE DIED OF OLD
    AGE

ANG DEMOKRATIKONG KARAPATANG PAMAMARAAN

Isang walang dugong lamok ay nahuli
Ngunit kung isasaalang-alang ang isyu ng karapatang-pantao
at ang kakulangan ng ebidensiyang prima-facie
kailangan itong pakawalan

Hintayin hangga't ito'y magdulot ng insomnia sa mga tao
Hintayin hangga' t ito'y makasipsip ng sapat na dugo
Hintayin hangga't ito'y magdulot ng sakit sa katawan ng tao
Hintayin hangga't ang mga tao'y mamatay sa malaria
Hintayin hangga't ang mga tao'y mamatay sa A.I.D.S.
Hintayin hangga't ang mga mambabatas ay tapos na sa kanilang
　　mga pagtatalo sa pagbabalik ng parusang kamatayan
Hintayin hangga' t ang mga biktima ay makakuha ng-mga
　　mahuhusay na tagapagtanggol
Hintayin hangga't ang mga mambabatas at ang mga asawa ng
　　mga hukom ay nainiksiyonan na rin ng lamok
Hintayin hangga't sa wakes ay igawad ng hukom ang parusang
　　kamatayan sa lamok
　ANG LAMOK AY MATAGAL NANG NAMATAY SA KATANDAAN

尼蕊・亞謹諾

也許尼蕊應該早一點誕生
那麼當他以最高票當選眾議員時
就不會被指責他尚未達法定年齡
太年青，鋒芒太露
是一種致命的罪

宵禁的夜中
報紙，電台，就連
最大膽的政客們
都靜寂了，只有
監牢中
一顆自由心的
冠狀動脈更趨
硬化

放逐在哈佛
已脫籠的鳥
竟然飛回
想把自由帶給鳥籠

一九八三年，八月，二十一日

馬尼拉國際機場跑道上
一顆子彈追上了你
而你追上了
烈士
於時間的跑道上
你竟流出
一九八六年二月
革命不流的血
菲航翼上藍與紅的兩塊天空之間
升起一個黃色的太陽
它的光輝改變了機場的名字

安息吧
偉人不需要堂皇的墓陵
偉大一向是謙卑的

　　　　　　　　　一九九三年，元月・馬尼拉，菲律賓

後記：尼蕊・亞謹諾(Benigno S. Aquino, Nov 27, 1932-Aug 21, 1983)。馬可斯執政期間之主要反對黨的領袖，馬可斯宣佈軍統之後被關入牢，因其心臟之冠狀動脈硬化，馬可斯網開一面，准他飛美動心脈手術。尼蕊於一九八三年，八月二十一日潛回馬尼拉，於下機之際被槍殺，其夫人科拉松・亞謹諾(Corazon C. Aquino)以黃色爲標誌，領導人民示威、遊行，終於在一九八六年二月完成了不流血的革命。馬可斯被推翻之後，民眾群擁科拉松・亞謹諾爲總統。馬尼拉國際機場遂被易名爲尼蕊・亞謹諾國際機場。

BENIGNO (NINOY) S. AQUINO

Perhaps ninoy should have been born earlier
so that when he was elected congressman with the most number
of votes
they would not have questioned his being under the legal age
being too young, too brilliant
is often a mortal sin

during those curfew evenings
newspapers, broadcast stations, even
the most audacious politicians
were all silent but
in a prison cell
a liberal heart's
coronary artery became
harder

exiled in Harvard
the bird that had escaped the cage
flew back
to bring freedom to the bird cage

the 21st of August, 1983
on the runway of Manila Intemational Airport
a bullet caught up with you
and you caught with
the martyrs
on the runaway of time
you bled with the blood
that was not spilled during
the February 1986 revolution
between the red and blue skies on the wings of the Philippine
Air lines
rises a yellow sun
its rays transformed the name of the airport

so rest in peace
great men do not need enormous mausoleums
for greatness is always humble

January, 1994. manila, Philippines

*NOTE:Benigno S. Aquino (November 27, 1932-August 21, 1983)

was the head of the group opposed to the Marcos Administration.

When Marcos declared Martial Law in 1972, Aquino was imprisoned

but was later allowed to go to the United Stated of America for treatment of a heart condition. On August 21, 1983, Ninoy attempted

to enter the country secretly but was assassinated as he stepped off

the plane at the Manila Intermational Airport. His wife, Corazon C.

Aquino, then used the color yellow as a banner to rally the people to

revolt against the Marcos Administration, Finally, on February of

1986, the Marcos Administration was toppled by a bloodless revolution

and Mrs. Aquino was declared President. The Manila International

Airport was later renamed the Ninoy Aquino Intemational Airport.

BENIGNO (NINOY) S. AQUINO

Kung sana'y naisilang ng mas maaga si Ninoy
sa gayon, nang siya'y mahalal na kongresista na may
pinakamaraming boto
hindi nila makukuwestiyon ang kanyang pagiging menor de
edad
ang pagiging lubos na bata, lubos na matalino
kadalasan ay kasalanang mortal

noong mga gabi ng curfew
ang lahat ng mga pahayagan, istasyon ng pagbabalita, kahit na
ang mga pinakamakakapal na mukhang politiko
ay tahimik liban
sa selda ng isang kulungan
kung saan ang ugat sa puso
ng isang liberal ay lalong
tumigas

pinatapon sa Harvard
ang ibon na nakawala sa kulungan
ay muling lumipad pabalik
upang maghatid ng kalayaan sa kulungang pinagmulan

ika-dalawampu' t isa ng Agosto, 1983

sa paliparan ng Manila Intemational Airport

nabitag ka ng isang punglo

at binitag mo

ang mga martir

sa paliparan ng panahon

dumanak mula sa iyo ang dugo

na hindi dumaloy noong

rebolusyon ng Pebrero, 1986

sa gitna ng pula at bughaw na himpapawid sa mga pakpak ng

Philippine Airlines

pumailang-lang ang dilaw na araw

ang mga sinag nito'y nagbago sa pangalan ng paliparan

kaya' t manahimik

ang mga dakilang nilalang ay hindi nangangailangan ng

naglalakihang mausoleo

sapagkat kadakilaa'y laging mapagkumbaba

Enero, 1994. Manila, Philippines.

*PAUNAWA: Si Benigno S. Aquinio (November 27, 1932-August 21,

1983)ay namuno sa grupong laban sa administrasyong Marcos.

Nang ideklara ni Marcos ang Batas Militar noong 1972, si Aquino ay
ikinulong, ngunit pinahintulutang pumunta sa Estados Unidos para
magpagamot sa sakit ng PUSO. Nonng ika-21 ng Agosto, 1983, si
Ninoy ay nagtangkang bumalik sa bansa ng palihim, ngunit nabaril
habang pababa sa eroplano sa Manila International Airport. Ang
kanyang maybahay, si Corazon C. Aquino, ay ginamit ang kulay dilaw
bilang bandila upang hikayatin ang mga taong mag-alsa laban sa
rehimeng Marcos. Sa wakas, noong Pebrero 1986, ang
Administrasyong Marcos ay napatalsik sa isang di-madugong
rebolusyon, at si Ginang Aquino ay idinekdarang pangulo. Ang Manila
Intemational Airport ay muling pinangalanang Ninoy Aquino
International Airport.

鏡 （一）

鏡
把我與跟我時刻形影不離的自己
一分爲二
思想的鏡
把世界同血統同種族同膚色同一家人的語言
一分爲二
鏡外人衝不進邊界
鏡內人逃不出鏡框

爲了想看到自己
來到鏡前
看你與我
互相對立
我驀然驚覺
我的右手
竟是
你的左手
我心中豁然明白
爲什麼到現在
我還是不知道應如何
跟自己握手

六月初六，一九八六，海陸軍俱樂部，馬尼拉。

MIRROR

The mirror

splits me and myself (which at all moments are inseparable, like

each other's shadow)

into two

The mirror of thinking

splits the same blood relationships, the same races, the same

skin colors, the same families

into two

The one outside the mirror cannot cross the border

The one inside the mirror cannot escape through the frame

In order to see myself

I come to the mirror

Upon seeing you and me

Confronting each other

I suddenly realized that

My right hand

Is

your left hand

My heart suddenly understood

why it is that until now

I still do not know

how to shake hands with myself

June 6. 1986, Army & Navy Club, Manila

SALAMIN

Ang salamin
Ang naghahati sa akin at sa aking sarili(na sa lahat ng oras ay
hindi maaaring paghiwalayin, tulad ng anino)
sa dalawa
Ang salamin ng pag-iisip
Ang naghahati sa mga may kahalintulad na relasyong-dugo,
kahintulad na lahi, kahintulad na kulay, kahintulad na lipi
sa dalawa
Siya na nasa labas ng salamin ay hindi makakatawid sa
hangganan
Siya na nasa loob ng salamin ay hindi makakatakas sa kuwadro

Upang makita ang sarili
Ako' y pupunta sa salamin
At sa sandaling nakita ko ikaw, at ako
na nakaharap sa isa' t-isa
dali-dali kong natanto
Ang aking kanang kamay
ay
ang iyong kaliwa
Daliang naunawaan ng aking puso

kung bakit hangang ngayon hIndi ko pa rin alam
kung paano makipagkamay sa aking sarili

!ka-6 ng Hunyo, 1986. Army & Navy Club, Manila

父親之臉

攝影機的強光在夜中一閃

睜開眼突然看到一片黑暗
閉起眼睛才看到一點光明

攝影者已走
留下
他的閃光燈
整夜在我的視界閃耀
不停

一九九三年，八月六日。菲都。

THE FACE OF DAD

The bright light from the camera flashed amidst the night

Open thy eyes, you see only darkness
Close thy eyes, and you see a spot of light

The photographer is gone
leaving behind
Only his flash
that keeps blinking in my eyesight
all throughout the night

August 6, 1983 Manila, Philippines,

ANG MUKHA NI AMA

Ang matingkad na ilaw mula sa kamera ay kumislap sa gitna ng
gabi

Buksan mo ang iyong mga mata, ang makikita lamang ay
kadiliman
Isara mo ang iyong mga mata, at makikita ang isang patak ng
liwanag

Ang potograpo ay lumisan na
kanyang iniwan lamang
ang kislap
na patuloy na kumukurap sa aking paningin
magdamag

Ika-6 ng Agosto, 1983. Manila. Philippines

醒　（一）

鬧鏡把甜蜜的天堂爆炸
復活
留戀著死亡的姿勢
沒有一條神經線想彈出一聲動作
連眼睛
這兩顆細胞
也懶得去睜開
那一片沉重的
生命

AWAKENING

Sweet heaven has been torn asunder by the sound of the alarm.
Resurrection
Reluctant to leave the posture of death
not a single nerve even thought about playing a sound of
movement
Even the eyes
those two cells
are too lazy to open up
the heavy horizon of
life

PAGGISING

Ang matamis na langit ay pinasabog ng ingay ng orasan
Muling pagkabuhay
Atubiling iwanan ang anyo ng kamatayan
walang isa mang ugat ay naisip na maglaro ng tunog ng
pagkilos
Kahit ang mga mata
Iyang dalawang selula
ay tinatamad na buksan
yaring mabigat na abot-tanaw
ng buhay

慧星：造鞋者 —— 麗美

自颱風季節的天空
開門進入
餐廳大堂靜寂的太空
一桌　一個太陽系
天花板上今夜掛滿
數千光年的距離
數不清的星河

視覺　　處於真空狀態
有人以最厚的近視眼鏡
在觀察桌上
一滴冰冷的燭光
以燃燒自己的速度
一分一分地
接近木造的桌面

THE COMET:SHOEMAKER-LEVY

From tha typhoon season's skies
I open the door and enter
the restaurant' s ballroom., the cozy stillness of outer space
Each table is a solar system
Tonight, up on the ceiling hangs
Countless galaxies
several thousands of light years apart

Eyesight in a vacuum state
somebody with the thickest pair of near-sighted glasses
is observing, on top of the table,
a drop of icy candlelight
traveling with self burning velocity
little by little
approaching the tablecloth of Jupiter

ANG KOMETANG SHOEMAKER–LEVY

Mula sa masungit na papawirin
Binuksan ko ang pinto at ako'y pumasok
sa bulwagan ng restoran, sa maginhawang katahimikan ng labas
ng kalawakan
Ang bawat lamesa ay isang solar system
Ngayong gabi, nakabitin sa kisame ay
Di-mabilang na mga kalawakan
Maraming libong light years na magkalayo

Paningin sa isang halaw na kondisyon
Siya na may pinakamakapal na neer-sighted na salamin
ay nagmamasid, sa ibabaw ng lamesa
ng isang patak ng malamig na ilaw kandila
na naglalakbay ng may sariling nag-aalab na bilis
Dahan-dahang
Lumalapit sa mantel ng Jupiter

半熟生牛排

口　這時的陰謀
如何立刻把整條牛以胃包裝
冒煙的金屬碟中央
展覽著受害者：
一塊身受第二級灼傷
三寸厚
充血的舌頭

呼痛的聲音一停
我靜靜一刀切下
血在口中的味道是鮮美的

MEDIUM RARE STEAK

The ambition of the mouth at this moment is
to immediately package the whole cow within the stomach
Exhibited at the center of the smoking metal plate
is the victim:
suffering from second-degree burns
three inches in thickness
the tongue dripping with blood

The sizzling sound of pain had just subsided
Silently, I slew it with my knife
The taste of blood inside the mouth is fresh and delicious

KATAMTAMANG—HILAW NA STEAK

Ang hangarin ng bibig sa oras na ito ay
ang agad na pag-impake ng buong baka sa loob ng tiyan
ipinapakita sa gitna ng umuusok na platong metal
ang biktima:
Nagdurusa sa pangalawang antas ng pagkasunog
Tatlong pulgada ang kapal
ang dila tumutulo ng dugo

Ang pumipisik na ingay ng sakit ay humupa
Tahimik ko itong kinitil ng aking patalim
Ang lasa ng dugo sa loob ng bibig ay sariwa at masarap

黑 人

伸手不見五指的
人權
臉上
裂開兩排整齊
白得發光的
無言

NIGGER

Extending your arms in front of you, you can' t see your fingers,
that is
human rights
its face
is split by two rows of even,
shining white
silence

ANG NEGRO

Habang inuunat ang iyong mga kamay sa harap, di mo
makikita ang inyong
mga daliri, ito'y
karapatang pantao
Ang kanyang mukha
Ay nahahati ng dalawang hanay na pantay-pantay
Kumikintab na puting
Katahimikan

請不要毀掉一等料

—悼林耀德—

如果祈禱真的能把死亡致於死地

那麼生命必將淪落爲
再生復再生又復再生的
廢料

讓廢料無限再生
卻把剛新婚的新料毀掉
這樣的品管制度
目前已造成人類悲痛的損失

註：林耀德是當代中國文藝界的奇才，可惜他於三十六
　　英年逝世，新婚還不到一年。

PLEASE DO NOT DESTROY
THE PRIME MATERIAL

—A lament for Mr. Lin Yeow Tak—

If prayer can really put dying to death

Then life would surely be downgraded to
recycled and recycled and once more recycled
Scrap
Let scrap be indefinitely recycled
and destroy the newly-wed prime material
Such a materials control system
presently causes grieved losses to humanity

*NOTE: Mr. Lin Yeow Tak is considered a genius in Chinese
contemporary literature, It is a big loss to us that he died at the
tender age of 36, after less than a year of marriage.

PAKIUSAP HUWAG SIRAIN
ANG MAHALAGANG MATERYAL

—Pagtatangis para kay G. Lin Yeow Tak—

Kung kaya ngang patayin ng panalangin ang kamatayan

Ang buhay ay tunay na maibababa sa
pinaikot at pinaikot at muling pinaikot
na basura

Hayaang ang basura'y walang katiyakang mapaikot
at sirain ang bagong kasal na mahalagang materyal
Iyang pamamaraan ng pangangasiwa ng materyal
sa ngayon ay nagdudulot ng pinagdudusahang kawalan sa
    sangkatauhan

*PAUNAWA:Si Ginoong Lin Yeow Tak ay kilala bilang isang
henio sa kontemporaryong literaturang Chino. Ang kanyang
pagpanaw sa murang edad na 36 ay isang malaking kawalan
para sa ating lahat. Wala pang isang taong kasal si Ginoong Lin
nang siya'y pumanaw.

鐘

時間像基督
被釘在壁上
兩手
指揮日子
在空間的交通

時間的交通堵塞
日子抵日子排成
日曆

CLOCK

Time, like Christ
is nailed to the wall
The two hands
signal the date's
traffic in space

A traffic congestion in time
The dated are bumper to bumper, forming
the calendar

ORASAN

Ang oras, katulad ni kristo
sa dingding nakapako
ang dalawang kamay
ang nagbabadya ng lakad ng araw
sa trapiko ng kalawakan

Isang pagsisikip ng trapiko ng panahon
ang mga araw ay bamper sa bamper, binubuo
ang kalendaryo

無痛侵略

第二次世界大戰的日本兵是令人深痛惡絕的
現在的日本貨是令人爭相搶購的
原來
只要技術高明
侵略是受歡迎的

　　　　　　　　　十月十日，一九九二馬尼拉，菲律賓

PAINLESS AGGRESSION

Mankind extremely detested the Japanese soldiers during
World war ll
And now the whole word is going for Japanese goods
So l see that
as long as the technology is superior
aggression is welcome

October 10, 1992 Manila, Philippines.

WALANG SAKIT NA PANANALAKAY

Sangkatauhan, labis na kinamumuhian ang mga sundalong
Hapon
noong lkalawang Digmaang Pandaigdig
At ngayon ang buong mundo'y nag-aagawan sa mga gawang
Hapones
Kaya aking nakita
Hangga't ang teknolohiya ay napakahusay
Malugod na tatanggapin ang pananalakay
Ika-10 ng Oktubre, 1992. Manila, Philippines.

太陽旗

手指頭不小心被拆信的小武士刀刺傷
一大滴鮮紅的血
濺在世界近代史之白色封面的正中央

JAPANESE FLAG

My finger is carelessly cut by the miniature samurai latter
opener
A fat drop of fresh, red blood
Splashed on the center of the white cover of the Modern World
History

BANDILANG HAPON

Ang aking daliri ay walang-ingat na nasugatan ng isang maliit na
pambukas-liham na samurai
Isang malaking patak ng sariwa't pulang dugo
Ang kumalat sa gitna ng putting mantel ng makabagong
Kasaysayang Pandaigdig

這分鐘免緊張

─悼林泥水兄─

這分鐘免緊張
我且先上台
唱他一曲
「記得我們有約」
兩岸掌聲響不停
酒已過萬里愁腸

這齣戲
演六十二年
卸裝八個月
被釘在床上
萌芽，生根
可是希望凋謝了
連那壯志都已入睡

這分鐘免緊張
二十九日清晨四時十分
靜靜脫掉戲服
不管空氣中的露珠

全部變鹹了
八個月以來
第一次自病床上站起
來到鏡前，看到
鏡中空無一人
他遂走入鏡中

這分鐘免緊張
他已不是演員
不復再為道具所限制

　　註：這分鐘免緊張，是泥水兄生前的口頭彈，林君為僑界
　　　　知名的戲劇家及劇本著者。

THIS MINUTE NEED NOT BE TENSE

—To mourn Mr. Lim Nih Sue—

This minute need not be tense

Let me first go on-stage

and sing a song

("Remember We Have A Date")

Below the platform, the sound of applause will not stop

The wine has passed through ten thousand miles of melancholic

intestine

This drama

Has been playing for sxty-two years

It took eight months to remove the make-up and the costume

Nailed to the bed

he has sprouted, rooted

Hope has withered

Even ambition had gone into deep sleep

This minute need not be tense

on the 29th, at 4:10 in the morning

he silently removed his stage costume

The dewdrops in the air

all turned salty

For the first time in eight months

he stood up from the sickbed

he faced the mirror, and

seeing no one inside,

he walked right into the mirror

This minute need not be tense

He is no longer an actor, thus

he is no longer limited by theatrical appurtenances

*NOTE: "This minute need not tense"is the usual oral expression or platitude of Mr. Lim Nih Sue during his lifetime. Mr. Lim is well-known in the Fillipino-Chinese community as an outstanding playwright.

ANG SANDALING ITO'Y HINDI KAILANGANG MAGING LUBHA

—Para ipagdalamhati si Ginoong Lim Nih Sue—

Ang sandaling ito' y hindi kailangang maging lubha
Hayaan ako'y umakyat sa entablado
at kumanta
("Alalahanin Na Mayroon Tayong Tipanan")
Sa ibaba ng entablado, ang ugong ng palakpakan ay ayaw
huminto
Ang alak ay dumaan na sa sampung libong milya ng malamlam
na mga bituka

Ang dramang ito'y
naisadula na sa loob ng animnapu't dalawang taon
Nangangailangan ng walong buwan para alisin ang pampaganda
at kasuotan
Nakapako sa higaan
siya ay sumibol. Nagka-ugat
Pag-asa'y naluoy
Kahit ang pangarap ay naglaho sa isang malalim na pagkatulog

Ang sandaling ito'y hindi kailangang maging lubha
Sa ika-dalawampu't siyam, alas kuwatro y diyes ng umaga
Tahimik niyang inalis ang kasuotang pang-entablado
Pati ang mga patak ng hamog sa hangin
ay naging maalat
Sa unang pagkakataon sa loob ng walong buwan
Tumayo siya mula sa higaan
Nagpunta siya sa harapan ng salamin, at
nang nakitang walang sinuman ang nasa loob nito
Siya' y lumakad paloob ng salamin

Ang sandaling ito'y hindi kailangang maging lubha
Hindi na siya isang actor, kaya't
hindi na nasasaklawan ng pangangailangang pangtanghalan

*PAUNAWA : " Ang sandaling ito'y hindi kailangang maging lubha"ay
bukam-bibig ni ginoong Lim Nih Sue habang siya'y nabubuhay pa. Si
Ginoong Lim ay kilala sa Pilipino-Chino na komunidad bilang mahusay
na mandudula at manunulat ng drama.

雷、電、雨

雖然只一秒
已看清上帝
發光的動脈
閃竄其中的是
幾千伏特的血壓
用了太多次的
雲已黑得
止不了氣候的內出血
每一顆空氣都受傷流出
透明的血液
無色地洗著滿街的七彩的霓虹燈
動脈血管爆炸的巨響
晴天的死亡
雲的再生
這套音響設備
最低輸出起碼也有幾萬瓦功率

以這麼大手筆
這麼現代化的設備
拍一部舊題材的
黑白電影

7 月 19 日 1992 馬尼拉

THUNDER, LIGHTNING, RAIN

Even for only one second
you can clearly see
God' s glowing arteries
Sparkling, rushing in them are
Several thousand volts of blood pressure
Recycled far too many times
The clouds are so black
they can no longer stop the internal bleeding of the weather
each atom of the air is badly hurt and bleeding with
transparent blood
Colorlessly, it cleans the whole street's technicolor neon signs
The deafening sound caused by the explosion of the arteries
is the death of the sunny day
and the resurrection of the clouds
Such a sound system
must have a minimum output of tens of thousand watts of
musical power

Such an extraordinary endeavor
Such up-to-date equipment
in producing an old theme in
black and white movies

KULOG. KIDLAT, ULAN

Kahit sa isang sandali lamang

Iyong makikita ng malinaw

Ang mga kumikinang na ugat ng Diyos

Kumikislap, nagmamadali dito'y

maraming libong boltahe ng presyon ng dugo

pinainog ng lubhang maraming beses

Ang mga ulap ay napaka-itim

hindi na nila mapipigilan ang pagdurugo ng panahon

bawat atom ng hangin ay lubhang sugatan at dumadanak ng

malinaw na dugo

Walang kulay na nililinis nito ang mga teknikolor at neon na

karatula ng buong lansangan

Ang nakabibinging tunog na dulot ng pagsabog ng mga ugat

ay ang kamatayan ng tag-araw

at ang muling pagkabuhay ng mga ulap

Yaring sistema ng tunog

ay siguradong mayroong pinakamababangdami ng maraming

sampung libong wat ng lakas ng tugtugin

Yaring di-pangkaraniwang pagsisikap

yaring makabagong mga kagamitan

sa paggawa ng lumang tema sa

itim at puting tabing

鏡都是沉默的

神在鏡中是沒有形象的
因爲祂根本就沒有缺點

穿上時裝
戴上化粧品　甚至
整容
最後再裝上一個
善良的微笑

人在鏡中
也看不到自己了

ALL MIRRORS ARE SILENT

God casts no image in the mirror
For He has no imperfection

Dressed in fashionable costumes
wearing cosmetics, and even
going through plastic surgery
and finally, putting on an
innocent smile

Man also cannot see himself
in the mirror

LAHAT NG SALAMIN AY TAHIMIK

Ang Diyos ay walang imahen sa salamin
sapagkat wala Siyang kapintasan

Bihis sa mga makabagong modang kasuotan
May pampaganda, o di kaya'y
magpa-plastic surgery pa
At sa wakas ay maglagay ng isang
walang malay na ngiti

Ang tao man ay hindi nakikita ang sarili
sa salamin

人權的定義

魚
大多數都不是黑皮膚的
魚
何罪成群被捉
　　　　被賣
　　　　被殺
（魚骨還得餵貓）

於是魚
集體排隊
臥在魚攤上
全部睜圓著眼睛
示威？
抗議？

魚
被煮熟了
忿怒的眼睛中
終於忍不住
流出
清白的眼珠

魚
不管是被烤成灰
就算是被醃成乾
也永遠死不瞑目地
盯著人類
一定要追問
人權何物

　　註：人權就是人類喜歡捉魚就捉魚的權利。

THE DEFINITION OF HUMAN RIGHTS

Fish
majority are not of black skin
Fish
what sin have they committed that by group they are caught

are sold

are killed

(furthermore, fish bones are fed to cats)

so the fish
gathered in groups, fall in line
lying flat in fish stalls
their eyes wide open
a demonstration ?
a protest ?

Fish
when finally cooked
its furious eyes
cannot hold back any longer
it sheds out
its clean white eyeballs

Fish

whether barbecued to ashes

or processed into preserves

will not close its eyes

it stares forever at mankind

as if determined to ask

what is that thing called human rights？

*NOTE: "Human Rights" is defined as the right of the human being to catch as many fish as he likes.

ANG KAHULUGAN NG KARAPATANG PANTAO

isda
karamiha'y hindi itim ang balat
isda
anong kasalanan ang nagawa at pulupulutong kung ito'y hulihin

ipagbili

patayin
(liban dito, ang mga tinik ng isda y pinapakain sa mga pusa)

kaya nag isda
tinipon ng pulupulutong humanay
na patihaya sa mga pamilihan
lahat nakadilat ang mga mata
isang pagpapapahayag ?
isang pagtutol ?

isda
kapag luto na
ang nangangalit na mga mata
ay' di na makatiis
kanyang isinasabog
ang mapuputi at makikinis niyang mga mata

isda

ihawin man hanggang maging abo

O'di i kaya'y gawing daing o tuyo

 'i ipipikit ang mga mata

walang hanggang nakatitig sa sangkatauhan

tila nagnanais na magtanong

ano ba iyong bagay na tinatawag na karapatang pantao ?

*PAUNAWA:Ang "karapatang pantao" ay karapatan ng taong

humuli ng ilang mang dami ng isda na kanyang naisin.

傘

一見雨
行人都慌忙高舉著
一朵世界上最大的人造花

雨才停
盛開的人造花
立刻凋謝成
一截枯枝
被遺忘在別人家門後
靜靜地滴著冷汗

UMBRELLA

Once rain is spotted
pedestrians hurriedly hold up
the biggest synthetic flower in the world

The rain has stopped
The fully blossomed synthetic flower
immediately withers into
a bough of dried wood
neglected behind somebody's door
silently dripping cold perspiration

PAYONG

Sa oras na madatnan ang ulan

lahat ng mga taong naglalakad ay dali-daling itataas

ang pinakamalaking huwad na bulaklak sa mundo

Sa pagtigil ng ulan

ang ganap na bukadkad na huwad na bulaklak

ay dali-daling nalanta ta naging

isang sanga ng tuyong kahoy

napabayaan sa likod ng isang pintuan

tahimik na pumapatak ng malamig na pawis

長醉的一滴酒

畫布
閒著的整個天空
放假的樹枝
枝梢插著每一朵
沒有方向的雲
就算秋風遲到
落葉們也已熟悉自己
回家的路
想不到妳會解開中國結
來到這幅畫中
等我

餐桌上
老花燭光的近視眼界
一塊妳與我畢生難忘的淨土
沒有任何相識的眼光或問候來污染
純黑的碟上
幾片已無意再高飛
純白的菊花瓣
兩撮離樹的檸檬葉
等著

蛇羹，一碗沒有半絲邪意
藝術境界高超的脫衣舞
熟透的夢有一部份已爛成現實
被冷凍了半生
據毒的相思
在霧重，半透明的夢中裸泳

現實，早已被輸掉
且借來生以賭
何時能重復這夢
輸錢的人就像秋天的樹
對著一地自己的落葉
我是贏家
才有運氣能在秋天看到
雪溶的姿態

秋天是一幅抽象畫
畫中
楓葉是紅的
唇是火熱的
醉倒枕邊
高度惹火的一滴
MATEUS ROSE
勢將燒焦生命
每一刻的清醒

A DROP OF EVER DRUNKEN WINE

The canvas:

a whole idle sky

it is vacation time for the branches of the trees

its twigs are stuck into clouds

with no direction

Even the autumn winds arrived late

The falling leaves are already familiar

with their way home

It never occurred to me that you can really untie the Chinese knot

and come into this painting

and wait for me

On top of the dining table

the presbyopian candlelight, with its near-sighted vision

is a piece of unforgettable paradise that belongs

only to you and me

without any familiar sight or greeting to pollute it

On the solid black plate rests

pure white chrysanthemum petals

that no longer have the intention to fly high

and two wisps of tree-abandoned lemon leaves
They wait for the thick snake soup:
a bowl without the slighest viciousness
a stripshow in its finest level of artistic perfection
a dream too ripe has a portion rotted into reality
It has been frozen for half a life
this highly poisonous love sickness
swimming nakedly in a foggy, translucent dream

Reality had long been lost
Let us borrow the afterlife to gamble with
When can we repeat this dream ?
The loser resembles the autumn tree
facing a yard full of its falling leaves
I am the winner
lucky enough to witness, during autumn
the posture of the melting snow

Autumn is an abstract painting
Inside of which
the maple leaf is red
the lips are burning
drunk beside the pillow
Highty combustible is a drop of

Mateus Rose
It will surely scorch life's
every moment of wakefulness.
*NOTE:Mateus is a kind of grape wine produced in Portugal.
The Mateus Rose is rosy red in color.Maple leaves turn red
during the fall season.

ISANG PATAK NG PALAGIANG LASING NA ALAK

Ang kanbas:

isang buong himpapawid na tahimik

yari'y bakasyon para sa mga sanga ng puno

ang kanyang mga siit ay nakatusok sa mga ulap

na walang direksyon

Kahit ang mga hangin ng taglagas ay nahuling dumating

Ang mga nangalalaglag na dahon ay pamilyar na

sa kanilang daang pauwi

kahit kailan hindi dumatal sa akin na tunay na kaya mong

kalasin ang taling instik

at dumating sa loob ng larawan

para maghintay sa akin

Sa ibabaw ng hapag-kainan

ay ang ilaw kandilang presbyopian na near-sighted ang paningin

isang pirasong di-makakalimutang paraiso na ikaw at ako

lamang ang nagmamay-ari

wala ni anumang pamilyar na tanawin o pagbati ang nagdudumi

dito

Nakalagak sa isang buong itim na plato

mga lantay na puting talulot ng chrysanthe mum

na wala nang balak lumipad ng mataas

at dalawang bigkis ng punong iniwang mga dahon ng lemon

Sila'y naghihintay para sa malapot na sabaw ng ahas:

isang mangkok na walang bahid ng kasamaan

isang palabas ng paghuhubad sa kanyang pinakamataas na antas

ng kaganapan sa sining

Isang panaginip na masyadong hinog ay may bahaging bulok na

tungo sa katotohanan

Nanigas na sa kalahati ng kanyang buhay

Itong lubhang makamandag na karamdamang pag-ibig

Lumalangoy na hubad sa maulap at naaaninag na pangarap

Katotohana'y matagal nang nawala

Hiramin natin ang kabilang-buhay upang isugal

Kailan natin mauulit ang pangarap na ito?

Kahalintulad ng talunan ang puno sa tag-lagas

Nakaharap sa bakuran na puno ng mga nalagas niyang dahon

Ako ang nagwagi

Kaya't napakapalad ko para mamasdan sa tuwing tag-lagas

ang hitsura ng natutunaw na yelo

Ang tag-lagas ay isang larawang abstract

sa loob nito

ang dahon ng punong maple ay pula

ang mga labi ay nagliliyab

lasing katabi ng unan

Madaling magliyab ang isang patak ng

MATEUS ROSE

Siguradong susunugin nito ang buhay

sa kanyang bawat sandali ng pagkamulat

*PAUNAWA:Ang Mateus ay isang uri ng alak ubas na ginagawa sa
Portugal. Ang Mateus Rose ay kakulay ng pulang rosas. Ang dahon ng
punong maple ay nagiging pula tuwing tag-lagas.

中東神經過敏症

一月十六日
中東的戰火
才在銀幕上一閃
離開菲律濱
至少還得幾十光年
岷市的食米，罐頭沙津魚
已被搶購一空
誰教岷市的居民
都喜歡喝太濃的黑咖啡
就連我
每夜守在電視機前
想把坐姿
改變得舒服一點
也得考慮
伊朗
約但
敘利亞的
反應

2 月 1991 年　馬尼拉

MIDDLE EAST NEUROSIS

January 16,1991

The war in the Middle East
has just started to sparkle on the television screen
still at least several tens of light years away
from the Philippines
In Manila' supermarkets, rice, canned sardines
had long gone out of stock because of panic buying
Who taugth the citizens of Manila
to be fond of thick, black coffee
including myself
while watching the late world news
when thinking of changing my sitting position
to make myself more comfortable
I stop to consider
Iran
Jordan
Syria's
Reaction

GITNANG SILANGAN KANERBIYOSAN

Ika-16 ng Enero, 1991
Ang digmaan sa Gitnang Silangan
ay nagsimula pa lamang sumiklab sa telebisyon
milya-milya pa ang layo
mula sa Pilipinas
Sa mga pamilihan ng Maynila, bigas, sardinas
ay matagal ng naubos dahil sa nagkakagulong pamimili
Sino ang nagturo sa mga mamamayan ng Maynila
Na maging mahilig sa makapal at maitim na kape
Ako rin
habang pinapanood ang mga huling balitang pandaigdig
kapag naiisip na baguhin ang pag-kakaupo
upang ako'y maginhawaan
kailangang huminto at isipin ang maaring maging
reaksiyon ng
Iran
Jordan
Syria

死　亡

日子拉下黑暗的序幕
寂寞懸掛在銀燭的輕煙之上
子、孫、家人、朋友都出席
他自己也出席
他出席，然而生命卻缺席

蠋盡了，落寂遂自消散的煙上跌下
悲哀？悲哀是不完全的快樂
朋友啊！
是死亡完成了生命，不是生存

看他的遺容，表情跟棺木一樣木然
輓歌依稀的節拍雕刻著悲哀
我遂狂笑走出
他有永恆的沉默

　　　　　　　　3 月 4 日　馬尼拉

DEATH

The day has pulled down its dark curtain
Loneliness hung above like smoke from the silver candles
Sons, grandsons, relatives, friends are all present
He himself likewise is present
He is present, but life is absent

The candles had burned out, loneliness fell from the smoke
    that had disintegrated
Sorrow ? Sorrow is but incomplete happiness
Friends !
It is death that completes life, not existence

Observing his face, his expression is as wooden as the coffin
While the dirge is carving out the sorrow with its beats
I walked out laughing
He is silent forever

KAMATAYAN

Ibinaba ng araw ang kanyang madilim na tabing

Ang kalungkutan ay nakabitin sa itaas parang usok mula sa mga
　　pilak na kandila

Mga anak na lalaki, mga apong lalaki, mga kamag-anak, mga
kaibigan; lahat ay narito

Siya'y narito rin

Siya'y narito, ngunit ang buhay ay wala

Ang mga kandila'y namatay na, kalungkutan ay bumagsak
　　galing sa usok na naglaho

Dalamhati ? Dalamhati ay isang di-ganap na kaligayahan
lamang

Mga kaibigan !

Kamatayan ang bumubuo sa buhay, hindi ang pagkabuhay

Minamasdan ang kanyang mukha, ang ekspresyon niya'y kasing
　　tigas ng kabaong

Habang ang punebre ay inuukit ang kalungkutan sa kanyang
mga kumpas

Patawa akong lumakad palabas

Siya ang walang hanggang tahimik

戰爭與和平

戰爭
只需一言不合

和平
卻要動用百萬大軍　艦隊
無數的坦克　戰鬥機　導彈
人造衛星　中子彈　核子武器
萬億的國防預算　以及
無數次的裁軍會議　還需
世界第一流外交人才的
又長又臭的演講詞
就這麼簡單的
和平
才僥倖　暫時得以維持

WAR AND PEACE

War
It needs only a word of disagreement

Peace
It needs millions of armies, fleets of ships
countless tanks, warplanes, scud missiles
satellites, neutron bombs, nuclear weapons
trillions in defense budgets, and
endless armaments reduction summits, and yet you still need
the world's top diplomatic genius with his
boring marathon speeches
Just as simple as that
Peace
Is said to be preserved for the time being

DIGMAAN AT KAPAYAPAAN

Digmaan
Kailangan lang nito'y isang salita ng di-pagkakaisa

Kapayapaan
Kailangan nito'y angaw-angaw na mga hukbo, mga barkong
pangdigma
di mabilang na mga tangke, mga eroplanong pangdigma, mga
scud misil
mga satellite, mga bombang neutron, mga sandatang nuclear
trilyon na laang-guguling pananggol at
walang hintong mga summit ukol sa pagbabawas ng armas, at
muli kailangan pa rin
ng pinakamagaling na diplomatikong henyo
at ang kanyang nakababagot na mga talumpati
Ganoon lang kapayak
Kapayapaan
Ay masasabing napapanatili pangsamantala

你我的愛情是爲了家的成功而失敗

愛人呀！分居五十分
最近你不止一次偷偷地躡足回家
雖然從來未曾驚醒過一線燈光
但我熟悉你的體溫
你學遊客把臉裝入攝影機裡
在我更年期的肉體上以各種姿勢遊山玩水
而長年患有白內障的盧山依舊認得出你的真面目
當你的國際外匯儲備再一次達到高潮，我只想把你擁抱得更
緊
愛人，你是我血液中的紅血球，萬一你惡化爲變質的細胞
導彈將以你心跳的速度上升，以台幣的速度下降
告訴你，兒子的牛脾氣一定是你遺傳的
越來越有一點資本家氣

親愛的，我們的
明珠已鐵定於 1997 年回家
根據體檢報告之預言保證
他回家之後的健康狀況將保持五十年不變，而不變的
五十年前我把家讓給你，把戰爭帶走，把和平留在家中
其實你我的感情都是爲了家的成功而失敗
親愛的，思念你是台北每一條街道的名字

而回家，一場樹葉與樹根的大團圓
也該等秋風吧
對付晚歸的愛人，穴居人用大木捶是爲了找不到語言
而親愛的，你用昂貴的導彈是爲了
言語不通？！

　　　　　　　　1996 年，4 月，馬尼拉，吻浪村

OUR LOVE, FOR THE SAKE OF
FAMILY SUCCESS, FAILS

Oh my love! We have been living apart for fifty years

But recently, and not only once, you have secretly and stealthily
    been home

you didn't awaken even a single ray of light from the lantern

but I am familiar with your body's temperature

You imitated a tourist, hiding your face by cramming it inside a
    camera

in different poses, you traveled high and low over my

menopausal body, enjoying the sights of the mountains and the
    rivers

yet even the Loo Mountain, suffering from cataracts over the
    years, can still recognize your true identity

When your international reserves once again reaches its climax,
    I only want to embrace you more tightly

Love, You are the red corpuscle of my blood, and if you change
    and deteriorate into a degenerated cell

the guided missile will be ascending with the velocity of your
    heartbeat, and descending with the swiftness of the Taiwan
    currency

Please be informed, I am sure the child's stubbornness was

inherited from you
He is behaving more and more like a capitalist

Beloved, our
Pearl will definitely return home in 1997
According to the prediction and assurance of her executive
    check-up report
her health condition will remain unchanged for fifty years after
    her return, that which is unchanged is that
fifty years ago, I yielded the family to you and brought the war
    along with me, in order to let peace remain at home
Indeed our love, for the sake of family success, fail
Beloved, thinking of you is the name of all the streets in Taipei
Our homecoming would be like a grand reunion of the leaves
    and the roots
but it has to wait for the autumn wind to arrive
To teach the loved one who came home late a lesson, the cave
    man used a humongus wooden stick because he cannot
find the words to say
My beloved, you utilized an expensive guided missile, is it
    because
of a language barrier ?

April, 1996. Philippines.

ATING PAG—IBIG, PARA SA IKATA—TAGUMPAY NG PAMILYA, NABIGO

O aking mahal, magkahiwalay tayong nabubuhay sa loob ng
　　limampung taon
kamakailan, hindi lang isang beses, palihimat panakaw kang
　　umuwi sa bahay
hindi mo pinukaw ang isang sinag ng ilawan
Ngunit ako'y sanay na sa temperatura ng iyong katawan
Tinularan mo ang turista, itinago ang mukha sa loob ng kamera
sa iba't-ibang postura, nilakbay mo paitaas at paibaba ang
　　menopause kong katawan at nawili sa mga tanawing mga
　　bundok at mga ilog
Ngunit ang bundok-Loo na nagdurusa sa katarata sa maraming
　　taon ay makikilala pa rin ang iyong pagkatao
At kapag ang iyong pandaigdigang reserba ay muling naabot
ang
　　sukdulan, nais ko lamang mayakap ka ng mas mahigpit
Mahal, ikaw ang pulang corpuscle ng aking dugo, kung sakaling
　　magbago at masira ka sa isang malalang selula
Ang guided missile ay papaimbulog ng may bilis ng iyong pulso,
　　at papaimbaba ng may bilis ng perang Taiwan
Nais kong malaman mo, tiyak na ang katigasan ng ulo bata ay

namana sa iyo

Umuugali siyang tulad na tulad ng kapitalista

Minamahal, ang ating

Perlas ay tiyak na makakauwi sa bahay sa taong 1997

Ayon sa prediksyon at katiyakan ng kanyang executive check-up report

pagkalipas ng siya'y umuwi, ang kalagayan ng kanyang kalusugan ay hindi magbabago ng limampung taon, ang hindi nagbabago ay

Limampung taong lumipas, ibinigay ko ang pamilya ko sa iyo at dinala ko ang digmaan,upang ang kapayapaan ay hayaang manatili sa bahay

'Di nga ba ang ating pag-ibig para sa ikatatagumpay ng pamilya, ay nabigo

Minamahal, iniisip ka'y ang pangalan ng lahat ng kalsada sa Taipei,

Ang ating pagbabalik tahanan ay isang grandeng muling pagtitipon

ng mga dahon at mga ugat

ngunit ito'y kailangang maghintay pa sa pagdating ng hangin ng tag-lagas

para turuan ng leksyon ang minamahal na umuwi sa bahay ng huli,

ang taong kuweba'y ginamit ang malaking kahoy dahil wala
siyang mahanap na salita
Aking minamahal, ginamit mo ang mamahaling guided missile,
dahil ba sa
Merong sagabal sa ating pagkakaintindihan ?

Abril, 1996. Manila, Philippines.

散　文　詩

年　老

世界啊！青春的杯我已飲盡
而當我的生命繼續在自宇宙中蘇醒
你爲何再作討厭的挽留，宴席已過呀
在這生命的終點，我在夕輝中
在海濱把銀髮飄散於雲間
我接受歸陽桃紅燦爛的長袍
我承受眾海浪的掌聲
然而：
剩餘在我眼中的是長途跑者的疲倦
驅使我的意志是落葉的心情
面上，那浮雕在不覺中完成，記憶被
深嵌入額間

光——都黑暗——在時間的終點

無　題（一）

寂寂的夜來了，我點亮歌之燈

嬌麗的姑娘啊！
容許我以我的歌之光輝照亮妳孤寂的夜路
我知妳是找求光明與和平而來的
那麼就讓我在妳前面高舉我的歌之燈
就讓以我歌聲之每一柔和的觸撫來禮遇妳的雙腳吧！
我明瞭惟有忘卻一切俗念，像個歌者
我才能夠親近妳
啊！這雙我從不敢奢望多看一眼的玉手
此刻竟讓我輕易地將之觸及

然而就讓我的手只停留在妳的掌心
我的吻僅止於妳的掌背
就讓向日葵永遠在距離上單戀著太陽
姑娘啊！我不敢再偕妳登上愛情之高峰
立於愛之絕崖，下臨無底的失戀之深淵
自絕崖至深淵
戀愛至失戀
大笑至痛哭
而別信任那些視覺中的距離呀！
只須一失足

你即將跌踤距離
跌碎感情

——十二・十・六一

無　題（二）

　　老邁的下課鐘嚴肅地宣讀黃昏的消沉，走下重疊的樓梯，我拖著喘息的投影漫步在曲折的柏油路上，這條路從王城廢墟中蜿蜒伸出至「鬆傾」公園，王城殘骸就沉默地臥在，這曾經佇立巴石河岸雄視岷市一時的王城，第二次大戰中在砲火的咒罵中倒下，不曾再站立起來。

　　幾株不知名的樹無精打彩地佇立在路的兩邊，在西風的催促下委屈地向我點著頭，公園裏曠場上的草雖然幾星期前被修剪得非常低矮整齊，但現在又長得高及人頭，顯出參差不齊地在微風中招搖，其實酷烈的火尙奈它不得，何況是那留情的剪草機。廢墟中住著幾戶貧困人家，有個老者在一塊由城牆上坍下的石上磨刀，日光害怕於太銳利的刀刃，它畏縮……反射，而撫摸過他蒼白的鬍鬚，嘆息地踏著每一顆空氣的原子遠去，而他仍舊慢吞吞地磨著磨著，於是生命就這樣地在地球上逐漸磨薄。

無　題（三）

企圖以雨水來填補這粗糙的地面嗎？
憂鬱的造物者！
我用筆尖輕撥那被凍僵的靈感
猶如尖銳的寒風
不能使溫度計中的水銀
在白茫茫的玻璃管中上升

姑娘，別再像雨一般的冷淡呀！
在太陽光遺忘的角落
有友誼在寒冷中戰慄
有愛情在潮濕中腐爛
所以姑娘啊！
請接受我這份熾熱的愛
在這冰冷的冬天

雨滴在簷下的石塊上深深劃下痕跡
我的情結
也將如永恆的雨滴
刻畫妳鐵石心腸

　　　　　　　　　　——五‧六〇

給　你

讀我的詩的朋友啊！
你佇立在詩之溪流的岸邊
請臨近我，我將以我潔白的意志之浪花來
禮遇你染滿慾念的雙手
和風有看不見的手指，當他興到一揮
我的詩之波面立刻現出無數條的琴絃
它們在你心的深處奏出清新悅耳的
無聲之音樂
你傾聽這音樂，你的心沉醉於這詩之偉大的沉默之音

脫掉那雙使你在俗路上流浪的鞋、縱身入
這詩之溪流中
我以歌之漲潮把你的雙目淹起，把世界
淹起，你逐能看見上帝，看到大處，
看到遠處

——三 · 廿四 · 六二

夢

　　六時了，夜鐘自暮歌的末調中醒來，
老水手收下一帆黃昏

　　晚風中失意的是那些沙沙的落葉聲，
夜默默的在黑暗中沉思

　　我又把足跡朝向妳家的小徑上延長，
手中的燈籠亮著，黑暗紛紛跌倒在我腳
前，越遇那靜臥在流水聲中的小橋，我
聽到妳悠揚的琴聲

　　窗帘沒有濾掉妳曲調中的寂寞，月色
很黯淡，妳正奏著最低沉的一個旋律

　　就這樣讓燈焰在微風中熄滅，讓影子
悄悄離去，我孤寂地守望著妳門外的夜色

　　溪流的笑聲在淺湍的下流逐漸沙啞
歌曲斷了，音律散落如凋謝的花瓣，隨
水飄散，不由自主

　　「願意接受我這杯愛的香醇嗎？」我用顫
抖的聲音在妳門外訊問

　　門開了，光把我暴露在妳的面前，「我
將接受，若你的酒能濃得使我陶醉」你羞澀的回答

　　我醒來聽見鐘擺的嘆息，夜風的呼嘯

悟

夕陽拖曳著桃紅色的長袍走進時間之
淒涼的墓園中
黑暗乘夜鐘之歌帆而來，而以寂寞之
創猛戮我憔悴的命運
流浪人自肩上解下自己的意志，來輕
叩這扇雕滿秋色的山門
門開處，和尚以浮雕之笑容迎接我
當人們都到派對中去挑選汽水瓶
　　甚至仙未迄的啤酒也會使他們飲醉
為什麼？我要推開這扇門走入虛無
我欲覓什麼？
而這裡的床不是床
這裡的口與手也都不是口與手
除了眼睛與心性在佛誕辰時
且把這些意念用雙手合起吧！南無阿彌陀佛
神盒中的菩薩都入定了，大雄寶殿中
有我落髮之聲
閉起雙目，我觀察前面的廣闊
睜開雙目，我觸及世界的虛空
而當我目入定，殿中遂走起如來之足音

夜

這篇被壓在月亮下黑色的默禱
聆聽著太平洋的嘆息
而推開臨街的窗門
十二時的鐘聲在陰沉地竭止著馬路的蹄聲

夢，又一次的我與你幽會在太陽的陰影中
拉拉那把衰老古琴上的第七條斷弦
呻吟了，低哼出昔日的往事
於是再次把回憶用磨石磨利
從左取出隱隱作痛的心坎
把它戮碎在沾有淚滴的枕上

如今，不再響往昔日的往事
劍尖輕撥著腳下的斷絲
笑聲使溫度計中的水銀在華氏八十度發軟
跌下⋯⋯⋯⋯⋯⋯在零度戰慄

無數次的我說我愛你
然而最後的我發誓我將永遠恨你
於是約定清早六時半的鬧鐘無情地把你驅逐

夜終於燃盡在清早的晨曦中

在陽光的嘲笑下
場草的淚向上流

感 (外一章)

一園春綠
一管淒笛
一地落葉

昨夜悲哀來向我邀飲
它注我的眼睛之杯以滿滿的淚

今日我帶著琴深入秋之心中
我在琴弦上聽到春天之葉子們的沙沙聲

——六三年稿於辛墾社

湖（一）

在沒有風的日子
我的心異常清晰，平靜

大地以他染滿泥土的雙臂來圍抱我
阻止我的意志到處流浪
流水在床上輾轉不能成夢
夏日把它的黃金傾倒在我的心中

姑娘啊！
勿以妳那愛情之木槳來攪動我平靜已
久的浪
或是我將擁有妳　　而讓世界失去妳
或是妳將擺脫我
而留下我靜聽蘆葦的蕭聲

　　天空的沉默
　　小徑的斷腸

　　　　　　——癸卯年關眷於辛墾社

湖（二）

我獨坐湖畔
遲歸的春天綣縮在樹梢
九月的風在黃葉上移動輕盈的舞步
白晝已枯萎，黃昏落在湖中

老漁人已歸，網走一湖暮色
柴堆中的火焰
吐著濃煙在落寂的湖邊逐漸沉睡
樹影已漸糢糊，夜浮在湖上

很靜
樹贈湖以一朵落花，湖只答以薄薄的漪漣
我仍獨坐湖畔
風懾足踏過湖面而來
水波已搖睡一湖黝黑的夜色

昨夜的蟲聲又自草叢中醒來
妳終於踏著月色而來
在樹下撥下滿肩星光
我站起，但又與妳並肩坐下
秋夜的新月同我們圍坐著談笑於湖邊

醒　轉

夜已到了黃昏，做夢的人貧困地回來
寂寞啊！我的靈魂背著夜空的星月
走入一條死靜的窄巷裡
那北風背著長掃在窗外吹悲愴的口笛
這夜用淡墨素描著遠景
第二場彌沙的鐘聲曾來過，而現在只
剩下長長的背景，在我的腦海，嘆息
嘆息……消失踏著落葉的微嘆出去
秋和我一同在園中留下散亂的足跡

——三·四·六零

枯萎（一）

七時的鐘聲敲碎我室內的一片沉靜
鐘擺在鐘屋內流連，走去又回來

我聽到時間的告辭，它們發出滴噠
的足音，但都毫沒躊躇的離去

我回來採擷昨天那朵盛開在枝頭的
花，卻發現她已枯萎的凋謝在泥土中

頹喪地凝視著這面對我有太多責難
的鏡子
掃下頭上的風塵，啊！黑髮
中已雜有不少的回憶

一・一・六一

枯　萎（二）

　　湖平靜得像一面鏡子，我拋下一塊小
石在湖心，盪漾一會，它又恢復原有的
沉默

　　沒有風的腳步的擾亂，湖很安靜地把
岸邊那朵玫瑰的羞澀，素描在它藍底的
畫紙上

　　是午後的六時，這黃昏在湖面躊躇如
那依戀在樹梢的黃葉，那些焦黃的葉子
都憶起太多的往事，啊！聽它們在暮風
中抽泣

　　終於那朵玫瑰也枯萎地掉入湖中
　　湖激起一團漪漣──也許是一聲嘆息

　　　　　　　　──十一．六〇稿于岷

遙　寄

六時，我背多少鬧鐘的笑聲回來？

晨曦張著魚肚白色的帆而來，啊！
它帶來兇訊，說那寡言的、穿喪服的
老漁人已葬身魚腹

不容許我作片刻的默哀，世界的叩
門聲又在我的室內響起

我的貴賓啊！昨夜我的母親為我的
夭殤痛哭，親戚們以長長的行列將我
送行，沒有音樂，臨別前，我企圖聽
一聲歡笑，但他們只給予我以長方形
的寧靜

忽而，我的行囊被裝滿以白白的鈴聲

唉！我的夢太短，母親，我的夢遠
比妳一聲絕望的嘆息還短

中華民國五十四年四月二日寄

箭，不逐

暮夕
很想伸一下懶腰，向雲端，讓斜陽
把影子拉得更長，以便能把頭搭在天
穹之中點，拉動地平線，然後作個振
翼之姿向
穹蒼
或許把棺材貼上郵票
把自己置於黑暗的祭壇上，聆聽鐘
擺的輓歌
但當今早自晨曦的白旗下醒來
我又發覺自己是被退回的郵件

——八・六・六一

道

何其不自量力，在日光下
企圖以一盆污水來搖盪蒼天
　　以菱鏡來織造彩虹
夏日下，我們渴慕那掠過樹梢的風翼
落寂的夜中，我的歌與白雲比翼而飛

我們響往如是的光榮
任由這隻曾經與總統握過手的右手生
出腐敗的蛀蟲，不忍將之洗濯
作一頭臥在紅裙下喘息的野牛
一隻臥在燈焰下呻吟的燈蛾

痛哉！傳統把根深生於過去
　　　　把枯葉伸展於現在
　　　　結果實現於未來

而我們應該走入現實
因而今夜當在閱讀聖經時
我不禁高舉右掌對基督喝道
傻瓜！你膽敢向我要求第三下耳光嗎？
那只是一種慾
如果你只期望把咖啡匙放在杯中

假如你想解除情感上的寂寞
你還須把咖啡飲下，並且飲盡

那只是一種做作
如果你只剃去頭髮
　　　忍受飢餓
　　　臥上釘床
　　　要求左邊的巴掌
　　　甚而被釘上十字架

但當妳走入虛無
你必得到豐滿
當你入定沉思，步入靜靜深處
你就開始在動
當宇宙一切都歸於寂寂
你的精神必自覺悟中逐漸昇華
這就是道

鐘聲的餘韻

　　無限荒涼，在黃昏的鐘聲中，岸邊，就讓我的心情繼續粉碎如那衝擊在岩石上的浪，啊！海，我不敢像你有太多的回憶。

　　黃昏已走去，留惆悵在我的路上

　　獨坐在這岸邊，那新月的贈禮是這憂鬱的投影，姑娘啊，我願借月弦為你唱出我的心曲。

　　月浮在深沉海面、明亮像你的眸子，這時夜風的翅膀偶然扇動那已沉睡的海波，妳在哭泣嗎？我看到妳的眼眸中含有淚滴。

　　鐘聲在夜風中搖擺，我悵然地踏著濕草回來。

　　鐘聲中海有更多的夢，明天它將展開頹喪的波浪。

　　　　　　　　　　　　——十二·十二·六零稿于岷

觸　感

（其一）
月光老是嘆息著為找不到世界的影子
但他卻一直伴著他一起來，一起去
　　（其二）
大海把它的根深深地伸長向陸地
在狂風中它的葉子都長出堤岸
在微風下它的葉子都在沙灘上招搖
　　（其三）
有孕婦之肚子的男人啊！
把身體坐在華麗的汽車內
為何卻讓自矢的道德在到處求乞
　　（其四）
西風又送走黃葉，有鄉思很悲哀地自笛中
醒來
我審視自己粗壯的根，赤裸的枝
為什麼在這裡生了根？
為什麼不做一頁落葉，從西風的長廊中
歸去

　　　　　　　——辛丑午中秋夜稿于馬東之鎮

給失戀者

此時又是月白風清之夜
臨窗對月悠閒中我有寂寞
那兒傳來笛聲如此悲絕
雲煙似的直澈寒空
懸河倒瀉般的滔滔不絕
傾訴著悲歡離合的苦情
啊！失意的人兒
一段的旋律又帶來一段淒怨
一聲的嘆息曾否帶走多少離憂？
那麼你又何苦如此愚蠢
何不舉起慧劍斬斷那久纏不離的情絲
忘記了昔日的戀歌
想想冬天過了還有第二個春天
那麼你當可在園裡摘起一朵比去年更
鮮豔芬芳的花朵

蛾

　　今夜又得有一個鐘頭的停電，於是我在書几上燃起一枝蠟燭，燭的火焰在微風下確是誘惑的，有一隻燈蛾自黑暗的角落飛來，也許她驚奇於今夜都市裡也出現這麼燦爛的太陽，使天花板上的電燈泡都黯然失色，飛，飛，飛，在燭炬四周，像一顆電子在繞著心旋轉，迷惑於那熱情的舞姿，她羨慕，但卻像少男在追求少女般的羞怯，躊躇加上離心力使她仍在一定距離上徘徊，終於她壓在抑不住心內的慾望，衝，像一枝火箭射入太陽，而一陣焦味，燭炬為她灑下幾滴悲憫的淚。

　　不錯，燈蛾是愚蠢的，然而她的確不是一種普通的飛蟲，她有追求光明的理想，她愛好光明，正像革命烈士般的愛好自由，烈士為自由，不辭出沒在槍林彈雨之間，燈蛾為了她的理想，也不惜葬身在熱烈的燃燒中。

　　其實人生不也是這麼的短促，燈蛾撲火般的，一瞬即滅，地球自轉一週，我們看黃昏海平線上的落日，嘆息於一日的時間又隨落日沉淪了，但只要我們能知足，我們就不必摘下天上的太陽來當作我們桌上的燈光。

　　　　　　　　　　　　　　　　　——五．六〇

心　聲

我送樂皮但卻誠摯
固執但卻仁慈
一個嬌弱　　的低咽會息我心碎
弱小者被欺侮我也爲他不平
我作母天真活潑的像童
我同情龍鐘滴背的老人

昨宵一個殘廢的老者
向我、出這憐的攝光
這缺憾無助者我自樂於幫助
今日一群魁梧的難漢
也向我伸出這憐衣手
對於這些懶惰者
除覺一聲冷笑
我沒有予以是毫的同情
不是我吝嗇於再一次的施與
生怕助長懶惰者依賴性
我不它爲善良的人們培養一群寄生蟲
但如今當我行經高聳的來拜堂
救恩的鐘聲宏再在我心靈深處
聽上面高雅的聖歌
我又發覺自己的渺小與不肖

於是我不覺走到十字架前
在七時半的彌撒
懺悔我一生的敲唐

碼頭三疊

此刻我獨自佇立岸畔
是悲，喜，依戀，惜別……交織成的繭
束縛了我活潑的心
我沉默，從未有過的寂寞
像蠶蛹似孺孺的捲縮在繭中

是酒罷筵散後的寂寞
是悲歡離合的苦衷
嘆息於僅僅太短暫的聚
匆匆間我又聽到船笛歸音
於是我們惟有黯然辭別
一聲珍重一滴熱淚於是你登上歸程

海浪撞擊堤岸賤起雪白的波浪
浪花淚滴濕潤了我頹喪的臉
逝清的綠波中有魚兒成群追逐
冷靜岸上卻只剩下寂寞孤影
拔去了錨的水中如今只餘下漪漣陣陣
汽笛遙傳入我苦悶底心
蕭條，無比的蕭條
海風裡蘊藏無限涼意
發抖波面有孤獨人兒底震慄倒影

像頭離群孤雁臨風震抖

岷市朝雨浥輕塵
客舍青青椰葉新
勸君更盡一杯酒
西出岷灣無知音
天下無不散之筵席
緣盡人散此地我三疊陽關
雖然，我也曉得相逢必有分離
分離也必再逢
然而關頭執手
有誰無依依之感？
所以我的紅塵知己
請原諒我太多情也太隨俗
缺乏了太上忘情的涵修

悠悠的水流正如我憂憂愁思
此地寂寞伴著天涯隻影
遙寄，遙寄著他日久祝福

詩　想

　　詩是水中的倒影，而不是鏡中的世界、倒影也許有時跟鏡的反映幾乎相等，但當風浪來了，水面對於世界自有另一番的解釋。

　　誇大還是對比？(我的同志李白就曾把他的白髮誇張成三千丈。)我一直希望能猜透水的心意，當下一浪來臨之際，又有甚麼新的技巧或者手法，可用來曲解岸上的世界。

懷　念

帶著寂寞的心情
我獨步在平坦的沙灘
看水中魚兒成雙嬉遊
頹喪的影子在沙灘上嘆息
昔日山盟海誓的石邊
如今只賸下金箭插過的一顆枯萎的心
黃昏的夕陽在殷紅的海波中出浴
我回顧身後的足跡
在海浪沖洗下為何沒有湮滅
於是我把一千零一夜的失眠
用幽怨的詩篇銘刻在每頁日記上

——巳亥年小春岷江

夜　曲

　　自微風之輕歌中，踏碎落葉般的暮色，我披著黃金的外套而來

　　暮歌的調子低了，我輕叩那孤寂的夜色之大門，揮霍掉整個的黃昏，現在我惟有用嘆息來賄賂夜色。

　　進入妳家皇亮的大花園，自那狹窄嗇吝的小門，迎接我的是那些年青的花香，它們掃我的鼻尖以西風的心情。

　　而新月的酒意很濃，我輕易的醉倒在月光蒼白的宴桌上。

　　十二時，鐘聲撼動了月夜，我沿著鍍白金的幽徑走入時間之深長的院落徘徊。

　　妳的窗終於開了，我展開歌之翼，啊！我的歌聲，它棲息在好多夢的窗口。

　　遺棄了家，來作妳睡眠之壘的哨兵，我是黃昏之國度的來客。

　　在妳門前的階上，當我的打瞌睡被夜雨的足音驚醒，我發覺妳的窗門緊閉妳不知我徘徊在妳窗下。

　　而夜即將自黑暗之搖籃中醒來，我的心張著異鄉人的歸帆。

　　臨走時
　　我脫下眼鏡拋向妳的窗口

　　　　　　　　　　　　　　——八・六・六〇

偶　感

我站在岸上
把倒影探入湖中
讓水波漂掉昨日的暑熱
　　　　與今晨雨中的塵土

沉默的椰樹
靜對一湖羞澀的止水
而一陣微風起自岸邊小草的招搖
摸過椰樹的頭髮
吻在纖細的湖面
於是我從夢中醒覺
在波面戰慄

——七・十六・六〇

美・永恆

一直坐在距離上思想妳的容貌
在黑暗裡爲妳造石膏像
而今日偶然在妳家門口遇見妳
嬌美像初放的玫瑰
年青似一溪高歌的流水
因而：

　　　　我頓想刺瞎自己的雙目
　　　　甚至殺死我自己
然後：

　　　　我閉窗休息，退隱在時間之密林中
　　　　忘記一切，惟牢記妳的豔麗
而微笑盛放的花將凋謝
高歌的流水亦將乾涸
一切將去，剩下幾聲嘆息在樹梢
　　　　　　及一個沙啞的歌喉
終於這一切都被列爲錯誤
獨我的視覺走向永恆

　　　　　　　　——辛丑年孟秋・子夜

清明偶感

燃一枝燭，洒一掬淚
我跟墓邊的衰草一樣地沉默
昨夜的雨露此刻得超度西升
然而那長眠者的寂寞
並不曾隨蠟燭輕煙昇華

墓中的靈魂
驚愕地看人家的火箭射中月球
自己的子孫仍在自我陶醉
骷髏已不再有血淚可湧
只嘆息自己的血汗
付諸岷江滾滾的逝水

不錯，也許讓人造衛星繞成吉思汗的骷髏旋轉
跟二十世紀的人們爭風
當那枯朽的骨對著壁上搖動的鐘擺
太陽還是從黃昏海上沉淪
墓中的骷髏要站起來擰笑並宣告：
清早的太陽將在黃昏沉淪
含苞的花朵也必在盛開後凋謝
告訴我：年青的男女們！
在鐘錘擺動下

你們將是可憐的一群！

上帝留下的定律：鐘錘不停在擺動
在沉默的十架下
多少巨星殞落
無數條靈魂醒覺
仍舊沉於夢中的人們呀！
鐘錘仍不停在擺動
一堆堆的黃土
一把把的白骨
掩不了人類的敗績

　　　　　　　　　——巳亥亡人節稿于義山

贈（一）

—給高三全體畢業同學—

當樂隊奏出這曲「今宵別」，我的心情異常的沉重，同學們，一支樂曲的開始你是否已連想到它的結果，意外的相逢，與這意料中的別離，笑聲溶解在熱淚中，倒入這寂寞的杯，我喝下這一杯惆悵，在這曲終人散的一刹那。

讓我們以筆尖挾制造物者吧！不滿現實的朋友們，不錯，這路是崎嶇的，何不用我們的正義感把它填平呢？然而我們的智識在天秤上是否夠重呀？我年青的男朋友與女朋友。

我曾經愛上一個短髮圓面的姑娘，但直到現在我仍舊讓自己的情感在單戀的痛苦中徘徊，讓多少封沒有付郵的情書沉默在日記的扇頁，不是因爲我畏懼於作一次的嘗試，告訴你，我是一個不安定的傢伙，我對自己仍有太大的願望，「青年心在四方」，大丈夫應是足跡遍天下，所以我不能因兒女私情而作繭自縛，也許我在宇宙中是渺小又渺小的，但我的胸襟卻容納得無數個宇宙。

— 五·六〇

賀年片中的詩篇

此刻又是安寧平靜的晚上
窗內的夜跟窗外的雪一般的皎潔
聖誕樹下
從意大利墓中醒來的歌王在引吭高歌
而夜跟歌聲一般的平安與和善

母親的催眠曲在打瞌睡
於是孩子們夢見牧者在尋找失去的一隻羊
從煙缸爬下來的白鬚老人在摸索
孩子們穿了一星期的襪子

是為了這世界還有戰爭人心也還敗壞
上帝的羔羊又一次誕生在伯利恆的馬糟裡
而在苦海中浮沉的人們啊！
懺悔混合十字架上滴下的血
你將得到第一千九百五十九次的恩賜

廳中的聖誕樹！
為何哭喪地嘆息？
看人們將乳香、沒藥、黃金奉獻在你
腳下
解開胸襟拂掉內心的憂愁

舒暢地笑吧
所羅門的富貴在你腳下
然而你卻悄然地枯萎
留下這麼樣的一聲嘆息

「人若賺得全世界，賠上自己的生命，
有什麼益處呢？人還能拿甚麼換生命
呢？」

於是在平安夜歌聲中
我慶幸自己的罪孽得
十字架上流下的寶血的洗清

方格紙上的夢

掙脫造物者那染滿泥漿的手
跌下夢境……呱呱墜地
小東西，還留戀那黑暗的胎盤嗎？
抑是畏懼人世的苦杯？

人生，這暫聚的筵席
那傾溢在筵桌上的人情
像硫酸般的刻薄
而撕下最後的一張日曆
嘆息著一年的時間又在
地球的旋轉中消耗掉
於是夾著僅剩下的一頁日記
划著輕舟朝日落的天邊邁進
發誓追回那逝去的年華
終於你失望在方格紙上兩軸的交點
縱軸、橫軸，一格格相等的人生
而回顧……
　　　　　　那自原點出發的足印
　　　　　　通過無數交點的交點
在軌跡的末端
刻畫下失敗者消沉

像來時一樣地傷悲
致算著筵散後空杯中的寂寞
一聲長嘆
醒覺

　　　　　　　　巳亥小春某黃昏於岷灣

贈 (二)

─再給高三丁全體畢業同學─

鐘擺的速度與擺長的成反比
我們的憂愁與感情密度成正比
同學們！我們終於把小舟逆流地划出
了冗長的巴石河
當地球暈眩地喘息於六次的公轉

手握著沉重的文憑
把黑色的生命液化潑在白色的前途上
把惆悵和寂寞裝入灰色的信封而投入
拾遺箱中

別把感情再加入這寂寞的杯中呀！
我六年的同窗
生怕喝下這杯太濃的人情
我的意志將爛醉在這人生的轉捩點

──四・廿三・六○

惜　別

筆尖插在宇宙的圓心
使時間停留在這臨別的一剎那
但同學們！多餘了
兩行淚水已沖走了六年的光陰

這本紀念冊
我用寂寞的筆尖
象徵的字眼
填上真淳的友情

夜　感

白晝終於讓路
於是黑暗漫步而來
那盞垂著頭的桌燈
光線疲倦地跌落在白紙上

窗外，風絮絮不休
　　　又說起窗帘的憂愁──皺紋
夜只無言地在窗外徘徊
我舉起禿筆
用稿紙的每一格收藏下室內每一立方
厘米的寂寞

　　　　　　　　──九・十七・六〇

月

是一輪高坎的明鏡
光輝像溪流般涓涓的從天流下
灌漑盡天下的多情種子
培養了地上多少青春情苗
也塡補無數孤獨失意人的創傷心靈
古時多少詩人向她舉杯邀飲
如今無數情歌爲讚頌她而作

但人世的明燈有時也會爲一對鴛鴦在她底
懷抱中被折散而心碎
於是這缺了的明燈黯然神傷地獨自揮淚天際
獨木舟般的形影，她沉默的航行雲海
爲尋找她那破碎的心
星宿閃眨含淚
寒空寂然凄吟
多少戀歌在這下面消逝
多少心田在這下面枯朽
然而當她又找回那破碎心靈的一角
再貼合了完滿的明鏡
她會再用她的光輝
灌漑天下多情種子

培養地下青春情苗
也撫慰創傷心靈

——巳亥年春上旬子夜稿于岷江

其 一

我聽到稀微的音樂
一片黃葉飄下，宇宙中一個小小的幻景
我聽到嘆息與告辭
日子在烈火中被燒毀，老人的淚滴乾
涸了歲月的溪流，花凋謝了的春天
我聽到輕微的笑聲
一朵花在開放
我聽到莊嚴的曲調
峭壁的巍然直立　海的漲潮，浪的舉步
及海堤的儼然張開雙臂
我也聽到蕭殺的笛聲
秋園裡留下幾樹驚禿的枯枝，祖母頭上餘下一頭白髮
我傾聽著沉默，這宇宙偉大的音樂
我願化成一頁落葉，在暮風中
譜入這萬有的偉大歌曲
我願做一堆枯枝，在烈火中
與萬物同化

壬寅午菊秋于寓所

其 二

夜
失去知覺的時間暈倒在我的室裡
獨坐在窗口，我想撥醒那琴弦上的音樂

妳消失在黃昏中
留下打瞌睡的黑暗，他們都跌倒在妳
的後面，我的眼睛中
我的靈感之血根引向乾涸的泉源，筆擱淺在稿紙上

我的琴爲何有悲哀的夢？音樂都帶著
淚滴自弦踐的戰慄中醒來
我的歌也唱不出光，驚動不了夜之心
而夜遂被彈得更靜，世界遂帶得更遠

黑暗，這些瞎目麻木的日子
希望著黎明，希望著眼鏡
眼鏡把世界帶回他眼睛中

壬寅年小春于宇宙一隅

其　三

　　背棄教堂的鐘聲，我寧願讓我的心空虛，讓它蒙受沒有歌曲的單調與沉寂。

　　我拒絕神父的餅，寧願讓我的靈魂受飢餓他們以為上帝是永生，上帝就在他們的中間死去。

　　是微曦的清晨，我的心張起歌之帆向那光源氾濫成的生命之海中出發。

　　當我的航程告終，我抵達這燦爛的黃昏，像一支黃金的音樂，我高舉船槳叫喊道：「至高的自我，你在那裡？」我的喊聲振翼沒入千朵的暮雲中。

　　但我只聽到浪花擊打船舷的聲音，風來張滿我的船帆，我的船又在前進，這時我的心忽然光亮，像一枝箭，被歌者注滿氣息，於是我心底發出輕微的聲音道：「我主，原來你並不曾離開我……」

壬寅年閏春稿於岷江

其　四

　　把教堂的大門拆下，神父，讓那些流離失所的人們進來居住，這原是上帝的意志。

　　這世界的一切原屬於那至高的主宰僧侶啊，你們用這大門來隔絕世界，把世界拒於門外，你們就不屬於那至高的自我。

　　修行者不步入世界去觸摸生命，卻隱到深林中去靜候來世的斧聲，他們跟醉一樣，是遺棄大海的獨木舟，是無用的廢物，欲進入極樂之墳，得先忍受修煉之苦，欲求達於至善，就得先體驗極惡。

　　世界的一切原都是爲那最高的目的的發揮，你憂慮花的凋謝，然而生命如沒有死亡，則它將是一支失去音樂的歌曲，剩下那些單調無聊的喃呢。

其 五

　　一日的操勞已經告終，黃昏之幕跟我的窗帘拉齊。

　　我聽到細雨的沙沙聲，我推開窗門窗外的天空滿佈漆火的暮雲，是椰樹與蕉葉在風中發出辛勞者疲倦的歌調。

　　夜，如禪者入定之眼神，企圖從自己的心中尋一瞥燈光。

　　靜是最低沉的聲音了，我聽到你親密和諧的呼召。

　　在這一日中，我已奉獻我所有的能力，完成你所喜悅的工作了，我主，現在讓我睡到永恆中去。

其　六

天空對於大地的愛情是甚大的
然而我所愛的
那雖然大但卻空虛
雖然高但卻遠

我對於妳的愛情則不如是
我的情意像一片綠茵
雖然樸素，但足以禮遇妳潔白的雙腳
像一個吻
雖然單純，但卻給妳整個的生命帶來了歌曲

壬寅年孟秋于菲京

其 七

今夜我來到我們從前約會的地方
路邊是幾樹驚夜
夜空被裝入棺材中

當我憑著這橋的欄杆停下
天穹振動，星光搖搖欲墜
我蹲伏在這橋上，像一片低沉的雲蹲
伏在妳窗口

這些樹葉，蔓筵入我的心中
這條流水，流入我的血管中
這條木橋，引我渡過現實，走入回憶
這條路，走！走！它通到無邊的過去

我把燈熄滅
讓現實暈倒在床上
讓死亡與沉睡互相擁吻
讓生存的死，死的復活
於是
我的大腦因缺少光，缺少吵聲而枯朽，死亡
我的小腦之血根在向穹蒼蔓筵

蔓筵，容納盡宇宙的無窮
我看到嘆息臥在我的腳前——
一條在深秋中羊腸小道
我欲向這深秋中走去，我欲走盡秋色，走到寒冬，走盡這路
的無限！
無限？無限是多數的有限
啊，姑娘，為了尋找妳，我竟來到春天
路邊開始長滿妳燦爛的微笑，那些豔麗的花
我又看到妳微笑收斂後的嘴唇，那些鮮紅的果實
我還看到妳帶淚的應許遺留在那些翠綠的草葉上

我睜開眼睛來看到
時間的腥松睡眼
我的復活，枕邊的熱淚
與窗外的細雨

壬寅年杪于岷

意 念

老人的步伐在愁霧中隱去，留下他的
右手伸出於時間之外
西風中，焦葉又飄零，去那裡？

縱使我的身體被深埋於黃土之下
我仍將讓我的琴絃半落於蒼天之外
任我的歌之泉在白雲之間奔流

辛丑年歲暮於藍田書室

坐　化

神啊！
我在那流經石叢之清澈的泉流中聽到
你的歌聲
聞風中，我在松林間聞得你的琴韻
你的急怒在夏日的心中
你把你的憐憫留在清晨的草葉上

你的意念居住於海的深處之沉靜中
而非於怒號的波浪

我在極渺少之中發現你的偉大
在偉大中發現你的無限

冗長的愁中，神啊！
別向我顯示你可怕的沉默
我遂把燈熄滅，讓精神在寂寂的空間
中向黯黑的時間昇華

　　　　　　　　　辛丑殘冬於藍田小室

風　化

樹梢已啞然，西風的恨幾多？
而生命頓如那些聽見秋之琴韻的敗葉
而敗葉如琴韻，不為什麼而飄零

在草上坐思，暮霧如疑問者的默默來
到我的面前
當我舉頭遠眺，朋友啊！天對於海的沉默是偉大的

在和風中，上帝的意志如鏡
我遂於其中尋得自己
白雲的清閒遂如飄泊在海中之帆影
飄浮於我心中
但當我自薄霧中回來，世界又如乞者
之哀音在我的面前伸出乞憐之手

——辛丑年秒稿於藍田軒

沙灘上的足跡

日子拉上黑暗的序幕
寂寞懸掛銀燭的輕煙之上
子、孫、家人、朋友都出席了
我也出席
他也出席，然而生命卻缺席

燭盡了，落寞遂自消散的煙上跌下
悲哀？悲哀是不完全的快樂
朋友啊
是死亡完成了生命，不是生存

看他的遺容，眼中露出微曦的晨光，
夕陽落在他的面頰上

輓歌以依稀的節拍雕刻著悲哀
我遂狂笑走出
他有永恆的沉默

作于一九六二年
選自葡萄園二十年詩選

不生存之傳

　　當你們走後，這幾枝瘦長的草葉蓋不了那遼闊的天，你們爲何遺留下一個這麼靜寂的傍晚。而當你們回來了，草葉伸出在我的腳前，草長滿於我腳中，我依舊靜臥在這裏沈思，你們何轉移我靜臥的姿勢？

　　我的琴音使世界所有的音樂靜息，我的呼吸驚落夜歸人的心

　　我的身體的每一個細胞附著每一粒沙
　　疾風來了，我在奔走，漫步而掃墓的人呀，你看到甚麼？
　　墓上的小草
　　裂開的墓土

作于一九六二年
選自葡萄園二十年詩選

第一首

如果你正在盼望陽光
那雨一定已在你的窗外玩著單調的揚琴
但見海堆積滿街
　　　水不停在路上跳躍
偶然也看到整個的天跌落在積水中

何須凝視，窗外已沒有世界
這小室竟容納整個宇宙
空有千萬感慨

雨的生命是短暫的，但不必悲哀
因爲它的真如實體是不朽的
水是不會先宇宙而滅亡的

清晨起身，正待爲雨寫一則傳記
然而它們走了
就像輕煙　冉冉上升

悼念平凡

流星雨　　月曲了

——悼念詩人平凡——

我們的天空已被放棄
受傷的眺望無片雲可棲息
而天地線
依然不斷在心電圖的藍幕下靜靜地延伸著

夕陽又落錯地方了
歌聲驀然而止
一陣流星雨　今晨
急促地逃出窗口
噢
那不就是
昨夜你才解散的一群音符嗎

一九九八

遠　方

──燈下悼平凡──

深秋在深夜
趕寫回憶錄
星空隨冷雨碎落大地
刺痛人間
大街小巷因你的刹車
──遂成斷句
當椰樹散髮
在你的門前奔走
停筆的窗內
眼淚把書桌
看作
無人的遠方

一九九六・十

夕陽下

——網球場上悼平凡——

人躺著
影子站起來
紅塵上
應沒有接不住的歲月
你的球
依然愛恨分明
把暮色擦出火花
把晚風擊出血
去如流星
還不著地
為什麼
叫它是夕陽

黃昏錯判
失手的
其實是天空

一九九六・十

詩人的妻子

——吻浪小屋悼平凡——

用你留下的窗口
把大海傾倒出來

她在尋找什麼呢
是共擁的浮沉嗎

一九九六·十

一張透明的體檢報告　　白　凌

──悼詩人平凡兄──

九月十三號的星期五下午五時
該是溢滿芒果汁的岷尼拉灣（註）
聚雲成蔭的天空
卻下著比酸梅還酸的眼淚

詩是你的最愛
酒是你釀詩的原料
一張透明的体檢報告
卻是你以酒杯注滿的白開水
豪飲如你
竟被淡淡一杯白開水難倒

多情如你
勇敢如你
當你血液中的紅血球，惡化爲變質的細胞
你依舊牽掛分居五十年的父母兩岸
父親暴發戶的心態
母親潑婦般的脾氣
都是你心跳加速的原由

多情如你
勇敢如你
當你血液中的紅血球，惡化爲變質的細胞
你以羸弱的肉身跟時間拔河
　　以十指盤算
僅存的　　就把它反鎖斗室
留給心愛的人

九月十三號的星期五下午五時
岷尼拉灣被傾倒的石油引燃（註）
天空熊熊火起
而網球場的一場賽事持續著
乍然
一顆網球越界而去
隨著火滅的刹那
栽進黑暗

　　　　　　　　　　　　　註：平凡詩句的意象

直線的眼　　劍 虹

撥開雲端
一直線的眼
眺望　　親人
眺望　哪
世間的虛偽　　欺詐
眺望　　　哪
你爭我鬥　的
人生

欣賞您　哪
打拳的雄姿
如今
你也該已打出　哪
煩惱的圍圈外
如今
你也該悠閒　舒適的
沐浴在那滿有
哲學似的詩篇裡

寂　靜　　蘇榮超

風依然
蕭蕭
在你離開的數載
回家路上
卻見到你的微笑
文章和不羈
天空浮云
寂寞飄去
剩下遠處的鐘聲
沉悶不響
山上你仍舊揮筆疾書
山下
在你離開的數載
風
靜靜的吹

九八・九・五

你是我的朋友　施約翰

——悼平凡——

你衷心喜愛的　是酒
或是酒中的刺激

是衷心喜愛詩
或尋詩的刺激

是喜愛武學
或練武功的刺激

是詩運　文運　武運
或結社　糾會的刺激

你已不能為誰答問
前塵種種　我不知道了

不知道又如何
我只知道
你是我的朋友

悼念平凡　　　綠　萍

為什麼
你真的「留戀著死亡的姿勢
連眼睛
這兩顆細胞
也懶得去睜開
那一片沉重的
生命」

凡間太平凡
你唯有用八十度的酒精
去點燃文學火花
去為現代詩作詮釋
如今
你卻懶得睜開雙眼
去看那矇矓的人生
是否嫌棄世界太青翠
菲華文藝太蒼白

沒有聽到妻兒的呼喚
去得瀟灑，絕不回頭
你獨自走向飄然
哦，是為了尋找昔日的

王若、泥水、還有凡人、亞藍
他們此刻坐滿了一室
斟酒、磨墨
準備與你澈夜煮酒論詩

悼　心　田

陸海軍俱樂部
日落月升
突然被晦黯悄悄御走
馬尼拉海灣的夜晚
便一片月沉了
就像今夜
所有的燈柱雖都在站班
卻因你默默不動聲色
柱柱
走入了暗淡

附記：故詩友施清澤（平凡）爲陸海軍俱樂部會員，千島詩
社有一段期間在那兒開會論詩。九月十八夜文藝團體聯合靈
前獻花致哀思。

一九九六年

九月十三月蝕

那圓圓的月　升起
腥紅　蒼白　而晦熄
黑影緩緩地掠過　不再
留戀著死亡的姿勢

天空被劫持了
好像捨棄了整個千島
傍晚時　你已登程
一片沉重的生命

附記：第四，第八，是平凡「醒」的詩句，在靈前回憶的幽
影為昨天的哲思才華而哀傷。

你種下一棵不死的心　　施文志

——悼施清澤（平凡誼兄）——

千萬億萬的生命
在大地上早熟了死亡

上帝播種
魔鬼收割
一場悲劇一場場場
演出在人生舞台上

您站在人世間朗誦最後
一章逝水長流的生命篇
感動魔鬼上帝也不甘心

何況是人的我們啊！

我們不追究魔鬼的罪惡
更不去研究上帝的原罪
就是因爲您是神的子弟

天空的雨水小河的流水
魔鬼的淚水上帝的聖水

你們，他們，我們的眼淚水

一滴一滴一滴滴滴
流過每個不甘的心田
您種下一棵不死的心

懷 念　　謝 馨

千島
潮音中一個
平凡
的故事已隨
南海
濤聲
逐漸遠去
遠去……在
時
空
無休止的
迴漩裡
依稀聽聞的
是詩
的韻律
及幽蘭的
芬芳

給平凡　和　權

推門出去
走往昔日聊詩的
咖啡室
可你的蹤影
杳然

關上門來
一閉眼
卻見你嘴角漾笑
靜悄悄
站在那裡

站在那裡
與我平分一點喜悅
與我平分一點哀傷
　　　　——九六年九月廿七日

讀你的詩，再乾杯　　小　鈞

——悼念清澤大哥——

買下單程票
上帝的地址
你知道了嗎？
開這麼大的玩笑
卻只有
你自己笑

你總是快樂他人的快樂
但這一次
卻讓我們痛苦你的痛苦

你的遲到
是我們所熟悉的
這次怎地早退
酒未盡興
留下哀傷讓我們醉

時間帶不走你留下的填充題　張　靈

——懷念詩人平凡——

聽不見的一聲嘆息
全世界就沉陷
（寂寞寂寞）

長夜迷忘了路程
躲在淒黑的高空
戳痛所有星球的眼睛
（滿臉淚水）

思念總是不小心從最高處
滑跌
撞傷白晝的影子
（想你想得心慌意亂）

你是一杯千年純釀的好酒
敲棺叩響
已先沈醉的竟不醒　不醒
因而仰首飲下你
（滿腔俠義豪情）
（飛揚灑脫的神采）

（超俗詼諧跳躍思維）
（痛呼過癮諷喻味道的詩）
永恒和肉搏的拔河賽
注定了你我都不甘心的輸贏
然而最後，死亡宣告
時間帶不走
你留下的（　　）填充題

無限量的答案
必然發酵
另一類的佳釀純酒

一九九六年十月

平凡平凡不平凡　　張　靈

──紀念詩人施清澤──

鶴・奮然振翅而去
喧嘩的群眾
喑然肅敬
在不安的騷動裡
驚訝翩翩而飛的身姿

當你以莊子的笑容出現
錯愕的表情灑落一地
凡塵彎下腰揀拾
方塊文字和蟹行文字
堆砌胸中的壘塊
你已逍遙遊遍隱秘的山水風景

你左手執著酒瓶的身影是俠士
右手舉起酒杯儼然武士
所有的豪情下注在永遠
不管是俠士或武士走回歷史
總會留下一罎飲不盡的好酒

你懷抱太極向人生打出五十六招

雙掌左右收納乾坤
前後旋轉的步態如劍劈出一道氣魄
每一對看得入神的眼睛頓然成盲
看不清負負得正或是正正得負的玄機

千島那邊少了一個拍拍肩膀的人

許世旭(韓詩人)

——悼平凡——

您我相識頭一天
一見就是嘴角濺出半個笑
但您坐了不久
忙得走開，宛如蜻蜓的飛翔
不過叫我相信
您總是回來我的身邊，與我不動不移
至少逼我灌進幾杯生啤

您雖然每次都
姍姍來遲，或者匆匆溜開
而您笑成一條直線的兩球眼
就我而言
總比整個菲律賓還重要

您我在香江與會時
您以團長出現，好不自然
會場碰到我，總是跟跟蹌蹌地
躲開我這個酒鬼
對不起！我現在才覺悟

您就含個半笑而躲開我的緣故
您遠走了之後

一九九七 · 八

乾坤詩眼　　王　勇

—— 悼平凡詩長 ——

一拳擊出
便把時間擊成
萬千碎裂的
詩眼

一掌推出
便把飄散的清氣
凝聚成
漢字
吐納著乾坤

蒼茫雲海間　　曾幼珠

——念詩人施清澤兄——

氣化春風幻爲雲
身裹塵泥長離別

一縷身影　　幽寂
隱入　細瀝瀝的雨濕裡
荒涼　又杳杳底空茫
疾急　颯來了
晴空乍響的雷霆

嘶啞的噩耗　恍惚
從沁涼中　飄來了
娓娓囈語……又孤寂地
悄悄　飄入風裡
踽踽在　霧霧颯颯
尋覓你　一聲聲
娓娓囈語　爲我醞釀
詩意底靈思
要我攤開稿紙　連綴
方格紙上的滴咕……
曾幾何時　你心裡

湧溢了熱潮　繁植
纖細底文藝嫩苗
摻和在　一夥同工中
操著　風趣又詼諧的話語
而今　竟然不吭一聲
悄悄　　飄入風裡……

迷幻的身影　　隱入
霞煙瀰漫　山色
青朗的峰巒間　驟然打從
文字耕耘　青色
縹緲的園圃上　了無聲息
飄盪而去　沒有人得悉你
靜謐　遁入何方消失了
一輪懸在文藝園圃的夕曛
驟然　流失了一團熱能
沒有人　得悉你
靜謐　遁入何方消失了

繫住　飄泊的影翳
從去路上　折回來時路罷
再呢喃起……要我
撰詩擬句的耳語
不朽的名氣　是你
人生逆旅中　唯一的慰藉

扶　靈　吳天霽

——給已故菲華大詩人平凡——

我用惋惜
滋生的心力
扶你靈柩
扶你進入短短隧道
通往天國

天使們唱歌
拍翼鼓掌
因爲
祂們即將感受到
詩的醉意

二〇〇二年七月一日

平凡文集發行
暨五週年紀念刊文

文壇領袖

施穎洲

　　菲華文藝運動重量領袖之一施清澤(平凡)的第二本選集「平凡文集」，訂本星期日(九月十六日)發行。

　　施清澤，因癌病逝世，至今已五年；但他的文藝功業，典範猶存。

　　施清澤創辦辛墾文藝社，向華僑商報，新聞日報，大中華日報及公理報(兩報軍管時代合併為聯合日報)，借得副刊版位出版社刊。今日，「文協」是聚集文壇名家最多的團體，「辛墾」卻是創作力雄厚的最多作家出身的團體。除了文學創作外，辛墾同仁有陳一匡，和權，山明，浣紗女，朝陽等在本報，吳勝利在世界日報，蔡孝閩(副總編輯)蔡秀潤夫婦在商報，晨夢子在中正學院服務。施清澤領導辛墾社的功業，在菲華文壇上是值得大書特書的。

　　施清澤是辛墾文藝社的創社社長，也是最大的詩人團體千島詩社的永久名譽社長。他出身名校中正學院及國立菲大，一生光耀，他從未製造他的學歷及來歷，他當選過第二屆亞洲華文作家會議七籌委之一及菲華代表團(由菲華前列作家五十人組成)副團長，亞洲華文作家協會菲分會常務理事。他是菲記者總會會員，也是國際司儀總會會員。

　　較早出版的《平凡的詩》，及本週日將發行的《平凡文集》，值得重視。

昨日，「不平凡的」一文寫平凡(施清澤)，他是菲華文壇上一個不平凡的人，我們希望爲他定位。

施清澤是名符其實的文藝運動領袖。一九五九年即創立辛墾社，在華文報上出版三個以上的副刊。他是有學歷的，出身中正學院及國立菲大。寫作不多，卻有優美的作品，例如「蚊子」一詩，他的「你我的愛情是爲了家的成功而失敗」，則入選中國地位很高的「年度詩選」。

《平凡文集》收有不少菲華文壇史料。

《平凡文集》將於本週末正式發行，特此推介。

平凡是永生的

葉來城

三年前，一九九八年的九月十三日是詩人平凡大祥的日子，《平凡詩集》在親友、文藝界同工的追思懷念中假喜來得大飯店發行。

如今，詩人平凡已經逝世五週年了，《平凡文集》也將在九月十六日假座喜來得大飯店發行。

平凡在同仁故林泥水先生去世後的悼文中云：「他(泥水兄)從來就不甘讓兄弟們為他分擔一絲絲的痛苦，甚至他最後一次進行甲狀腺的手術，還騙說他是為了一點私事到宿務去。」

其實，平凡何嘗不也如此。當他罹病在身，他也告訴大夥他去了香港渡假，不願給他的死黨至友擔憂。

平凡為人灑脫不羈，幽默風趣，慷慨達觀，對文學的追求，宛若對宗教的信仰，虔誠崇敬。

平凡病發後，以堅毅、無畏的魄力去面對，治療期間，每隔一段日子，總打電話給我。他告訴我正在蒐集詩文稿，準備出書，要我幫忙校對，我一口就答應了。平凡除了治病，摒除一切應酬，更加積極創作與閱讀，寫出令人震撼與感動的佳作。

平凡生前最大的心願就是詩文結集出書，雖然他跟時間的拔河輸了，趕不上親眼目睹詩文集付梓面世。然而，《平凡的詩》，與《平凡文集》都已在親朋好友、文藝同工的追思、懷念與期待中相繼出版發行。

《平凡的詩》得詩三十四首，並以英、菲語翻譯：《平凡文集》

　　選入散文四二篇、論文兩篇、小說兩篇，還有文藝界同工悼念平凡的文章十五篇。

　　生命是有限的，作品卻是永恆的。當我們翻開詩人平凡的詩文集，我們彷彿又看到平凡健美高大的身影，幽默詼諧睿智的言行，清新跳躍雋永的文學創作。

　　平凡雖然去世五年了，他的爲人，他的作品，卻好像潮起汐落的浪花，永遠迴蕩在人們的腦海中，無法抹滅。

　　平凡是永生的。

詩人已乘黃鶴去　此地留下好文章

紫　峰

我加入辛墾文藝社，是平凡的「大祥」紀念日。在 HERITAGE HOTEL 舉行，那天我剛好與辛墾眾將，同坐一桌，用過點心後，辛墾社長來城兄開了金口；他很真誠的邀請我加入辛墾。喔！我怎麼推辭？暗自忖：「這好像不是第一次開口的，他在招軍買馬，或是招賢聘士呢？」心裡想著。一面笑著問：「在座的是否都歡迎我？」記得當時一匡、劍虹、小四、紫雲、來城、心田等……，都同聲表示歡迎。我開玩笑的說：「我是個愛吵愛鬧的人，一但加入辛墾，你們一定會後悔的。」眾將笑著以牙還牙的口氣說：「你才會後悔的。」

於是週五，在辛墾園地宣佈了；辛墾短波：「我們熱烈歡迎詩人紫峰(陳文進)加入辛墾，共同為菲華文運盡一份心力，一起在心靈的殿堂交會」

於是我也咬咬牙根，捐了辛墾菲幣壹萬五千元，還在頤和園設筵與辛墾眾將，打打牙祭，做為正式加入辛墾文藝社的見面禮。

光陰似箭，轉眼已過三年了，那天晚上在海龍開會時，幽蘭贈送一本《平凡文集》，我好高興喔！

拜讀《平凡文集》，思想起作者施清澤先生，筆名平凡，其實人不平凡，他外表年輕健壯、而且灑脫，談吐幽默風趣，慷慨樂觀、豪情萬丈，他的生意做得很好，又寫作、又學會拳擊。他是個很有才華，文武兼修的現代詩人作家，他曾當過千島詩社社長，又是辛

墾文藝社的創辦人。

他有一位清麗文雅的賢內助，幽蘭——她能寫一手散文、也能作新詩。每當有文藝活動時，常見他倆夫唱婦隨，形影不離，可說是一對恩愛的神仙眷屬，使人羨慕。

我每次和他面晤時，他總是笑臉迎人，使人有如沐浴春風的感覺。

「唉！」我什麼也想不明白，在我的第六感裡「美」的一切總是不長久的，一個太完美的人，在這滾滾紅塵中，總是留他不住的。

愛因斯坦說：「我們活在世上，每個人都是短暫的過客。」的確，人生最多不過數十寒暑。

平凡安息吧！

能給仁玉安慰的是他，仍然活在菲華文壇，在眾文友的心中留下了美名。

平凡的作品，不管是新詩，還是散文，發表後，就會引起菲華文壇文友對他矚目好評。

平凡的散文——由於他的文字具有幽默、驚喜、質樸的氣息，再加上他豐富的想像力，以及從取材，文字鋪排到幽默、驚喜的投入都有了明顯的轉變，而這轉變不是打破原有的自我，是去重新塑造奇特的風格，彰顯深入淺出的道理，誠不可多得之理性的散文，頗具有見解和深厚功力。

平凡的散文每篇文字都具有，語驚滿座，幽默百出，讀者一定會喜愛。

《平凡文集》發行會感懷

江　樺

調寄　沁園春

他會來嗎？嗚咽三聲，落月屋梁。

往事今重訴，澄波影動，藝林領峻，掌舵開航。

辛墾耕耘，繁榮千島，贏得群英齊嘆揚。

蟾光滅，翰苑琴音寂，白鶴西翔。

憶風雷筆文章，豈能不催人更惘悵。

幸外孫幼婦，纂編成集。廣陵曲響，百侶同堂。

欲覓萍蹤，雲霄阻隔，天上人間各自涼。

真無奈，把詩文翻讀，以解迴腸。

　　我和詩人平凡素不相識，近幾年參與菲華文藝活動，卻經常聽到文友提到他的名字。我只是從《平凡的詩》去認識這位不平凡的菲華作家。

　　出席了《平凡文集》發行會的那天下午，我的心潮無法平靜。幾年來，菲華社會出版不少書，新書發行會也舉行不少，但像《平凡文集》這樣，能引起這樣激盪，這還是第一次。

　　發行前夕，菲華資深的文藝活動家施穎洲的專欄，連續兩天高度地評價了平凡先生；發行那天，辛墾文藝社、千島詩社出版紀念特刊，洋洋數萬字，灑滿《聯合日報》的兩版半。記載了許多文友對平凡的深情懷念和情誼。出席發行會的人近百人，對一個離開大家已經五年的人，還有這麼多人懷念他，是菲華文壇上罕見的，這

一點值得大家注意。

文友回憶平凡的故事，緬懷平凡，許多人認為平凡是個不平凡的作家。會上文友的發言和歌聲，是縷縷的情絲，句句的真情。尤其詩人月曲了的發言，是迴腸的詩。一縷縷的情絲，一串串回憶，終於使大家尋找到平凡。透過他們的心聲，詩語，我仿佛看到一個不平凡的菲華作家出現了，他就是詩人平凡。施穎洲推崇他是文壇領袖，這句話是十分恰當的。

文藝是商業社會裏最不引人注目的東西，但文藝團體的領導是菲華社會裡最難當的領導之一，因為從事文藝活動的人的腦筋通常是靈活的，每個人都有獨特性格，那種「出錢人，說話算數」沒有什麼市場。平凡清楚地認識到；大家之所以走在一起，「一不為錢，二不為利，只為了文藝這兩個字」，因此文藝社的所有同人都是平等的。平凡就像他的筆名一樣，認為他是個平凡的文藝「發燒友」，平凡用他對文學的那種真情，去對待文友，因此他和文友間感情是真誠的。這種真誠是一股凝聚文友的巨大力量，也是大家尊稱他為領袖的原動力。雖然他離開大家五年了，大家依舊緬懷他，百人的發行和追思會，說明平凡是名副其實的文壇領袖，也是一個成功的文藝領袖。造就幾個人的名譽，那不是一個文藝領袖的成功。能夠推動和發展菲華文藝活動，推動菲華文藝的普遍提高，這才是一個成功的文藝領袖。平凡統領辛墾、千島兩支文藝大軍參與八十年代的文藝復興，他功不可沒。他的名字將與辛墾、千島這兩個文藝社一齊列入菲華文學發展史冊。

忽略這一點的菲華文學研究者是「弱智者」。

學習平凡的真誠待人，是追思、緬懷平凡的最好方法，讓菲華文藝的百花開的更盛、更嬌艷，就是大家獻給平凡的禮物。

注：

一、杜甫《夢李白》詩之二：「落月滿屋梁，猶疑照顏色」。以「落月屋梁」表示對故人的懷念。

二、引自黃苗子打油詞，始出於《世說・魏武曹娥碑》「黃絹幼婦外孫齊臼」，即「絕好妙辭」之意。

《平凡文集》發行會感言

月曲了

先生們，女士們；
　　請你們告訴我大廳上閃亮的每一盞燈光。
　　是興奮的眼淚呢？還是悲傷的眼淚？
　　而今天下午，一本書的誕生，這個餐會，
　　到底是無奈的相見？還是意義深長的團聚呢？
　　當我手上拿著書，眼睛忍不住望向大門，
　　他會來嗎？會來嗎？就是遲到也沒有關係呀！
　　親人，朋友都到齊了，他會來嗎？
　　想不到，數十年一起唱歌歡笑，
　　共同泡茶煮酒辯論詩的人，
　　如今，竟然是一本書……
　　一本只能讓我們重覆地翻開，重覆地閱讀的書。
　　在沒有歌聲，沒有酒的晚上，
　　靜靜地重溫他風趣的談吐，
　　聽他別開生面的人生哲學。
　　平凡走了，已經五年……
　　大嫂幽蘭在悲痛的日子裡，細心地，
　　專注地收集文稿。編排、校對。
　　五年中了卻了平凡的心願，
　　替他出版了一本詩集，一本文集，

夫妻情深，令人感動。
現在請她站起來，受我一拜。
正是有情的人間，無情的歲月。
最後，請上帝原諒我吧！
你把平凡帶走，而我們卻把他留在心中。

《平凡文集》發行

心　田

首先讓我唸一首平凡的詩〈醒〉：
「鬧鐘把甜蜜的天堂爆炸
　復活
　留戀著死亡的姿勢
　沒有一條神經線想彈出一聲動作
　連眼睛這兩顆細胞
　也懶得去睜開
　那一片沉重的
　生命」

故文賢施清澤，是我在培元中學的學弟，他也是我屬主信仰的同道，又是我在文學追求的同好，更巧妙的是我倆同有一個英文名查理斯。

今天平凡的遺作第二本結集發行，承蒙幽蘭文友預先賜贈拜讀，我深深地感到他的遺作清清楚楚提示出，他只是睡著，今天他醒了起來，他在基督裡面有個復活的生命。

平凡是文學多面手，從事文學創作，作品都是那麼出色。從作品中領略到他心懷至誠，忘我的投入。平凡學貫中西，是位與時並進的傑出菲華詩人，時刻不脫離現實生活，創造生活，所以他在作品中能真正的把握與時間同進的精神脈搏；他勤奮亦商亦文，攬百家之長，他為自己的豐實養分，創造出自己的事業與寫作的道路。

上帝的恩典，讓他的生活和知識積累豐富，藝術修養和寫作才能突出，這一切優越的條件，造就了平凡成爲一位別於一般的文友詩友，在不平凡中顯露個性光彩的才華。

文貴獨創，詩歌創作又何嘗可例外？評論家說：「文章新奇，無定格式，只要發人所不能發，句法詞法章法，從作者胸中流出，此是真的新奇。」平凡在漫長的創作實踐過程中，深刻體味到好生活與好作品的真諦，事業成功、作品超然，在讀者面前呈現了使人激賞。

平凡健步走在菲華詩壇文壇，不單自己達到繁榮創作，並促進文學發展。由於他果敢性格、樂意助人，幫助文藝組織信心百倍地展翅飛翔，他常常通過又率直又幽默的善行風度，促成做好文藝工作，出錢出力完成文運工作。平凡豪飲，但在酒後也不平凡，從來不借酒盛氣凌人。他平時不趨利媚俗，不迴避矛盾，在堅持原則中理智地諍友和指引。

菲律濱華文作家協會在一九九六年籌備期間，平凡是發起人之一，這協會的名稱也是他建議出來的，幾年來在文學創作文藝運動不負所望，可以慰他在天之靈。

最後，祝願平凡的這本新書，似鬧鐘，把菲華文壇爆炸，讓它復活！

平凡──幽蘭的長恨歌

施柳鶯

我們每一個人，心中都有一方淨土，一股蠢蠢欲動的感情，一份最深沉最浪漫的期待，期待生命中所有的美麗與哀愁，都能長存，都能與人分享。於是，我們有了畫家，有了音樂家，有了作家。而作家，是最受帝上帝寵愛的，他可以把潛伏在心中的喜怒哀樂併發出來，用最赤誠的文字，最直接的方式，作最真情的傾訴。

六十年代，那是個最美麗最浪漫的年代，世道清明，民風純樸，年青人的心都像一塊白玉，青年學生的課餘消遣與娛樂便是電影、文藝與體育，當年由學生組織的文藝社有辛墾社、耕園、飛雲社、新朝……等，華文報社借出一頁版位，作文藝社定期發表作品的園地，聯合日報──便是辛墾文藝社茁壯、成長乃至枝葉茂盛的園地，而平凡，在這塊園地灑下第一把種子。成為這塊園地勤勞開荒的園丁。披荊斬棘，孤夜單騎，無怨無悔。

三十年後，辛墾成長了，果實纍纍。而平凡走了，留下無數紮實優美的詩文。五年，幽蘭為他彙集詩文稿，結集出冊。她撫摸平凡留下的每一字，覺得平凡未曾離開她。

三年前，平凡詩集問世，又三年後，平凡逝世五週年，「平凡文集」發行，沉甸甸一冊，一如他的一生。人的一生，有的是長度，有的是密度，上帝虧欠了平凡的長度，給了他密度，「平凡文集」雖然薄薄一冊，捧在我們手中，卻是厚重深沉的。每一篇，無不充滿睿智與深思，詼諧處，彷彿他捉挾的笑仍在眼前，厚重處我們看

見他沉穩的眼神。

在時間的長河裡，五年只是一瞬間，春花秋月等閒過，平凡的白骨已寒，只有他澎湃的血仍汩汩地流著，炙熱著辛墾人的心，二百四十八頁，他的心血，幽蘭的淚。

平凡，生如春花之燦爛，死若秋葉之靜美。

平凡，我們的短歌行，幽蘭的長恨歌。

不平凡的平凡

陳一匡

在新聞日報的禮拜六雜誌上，「平凡編」的「辛墾集」，是我穿著加計短褲的初中一時代，每週六都迫切翻閱的文藝版，在那懵懂的年代，平凡的「文藝編」這三個字，就像燒紅的鋼版字一樣，烙印在我還不知「文藝」是什麼的腦海裡，而「辛墾集」更成了我每週必讀的讀物。

那時候，根本不知什麼是筆名，也不知「平凡」到底是什麼，更不知道「新詩」是什麼東西，但卻偏偏就愛上這分成一行一行的「造句」，而就在讀了將近一年的「辛墾集」後，好奇的拿起筆來寫下了今生第一首「詩」，寫完之後，越看越爲自己的偉大受到感動，就把它寄到新聞日報社去給「平凡編」的「辛墾集」，每個禮拜就急著翻看，是否被刊出。但是，卻一直音訊全無，在過了幾個月後的一個星期六，一打開禮拜六雜誌，赫然發現我的「詩」出現在平凡編的辛墾集上，那使我高興的跳了起來(後來才知道是被丟進垃圾桶裡後，因爲辛墾集版面須要補白，被重新拾起排上版去的，才刊出來。)(靜銘說的)，而且立刻在一夜之間再寫出十首「詩」來，一古腦兒的再寄給平凡，結果卻每一篇都被餵了垃圾桶而屍體無存。但是，卻從此使我染上了「藝癮」，而不能自拔了。都是平凡！平凡！這不平凡的平凡造的「孽」使我半生的習作，幾乎都在辛墾的園地上出現而很少外流。

實際上認識平凡是到他召開辛墾社的成立大會上，那時接到一

份通知要我到中正中學去參加辛墾社的成立大會，到那裡才發現我是唯一穿著加計短褲的小男生，滿心欽佩的看著平凡在講台上侃侃而談的發表成立辛墾文藝社的偉論，而我竟然莫名其妙的成爲辛墾社成立大會上的一份子，也從此成爲死忠辛墾社的愚民，平凡更成爲我衷心崇拜的偶像。

今天，平凡的文集出版了，使我有機會重溫他另樹一格的文風，也永懷他爲辛墾社爲菲華文藝所瀝洒的心血。

平凡，不平凡的平凡，將永遠是我心中永遠的偶像。

平凡兄與「夢寐以求」

蘇劍虹

　　每聽到這首「夢寐以求」的歌曲，就使我沉重的心情聯想到以前你在世時的點點滴滴回憶。這首歌也算是在眾多美妙歌曲當中，得到你的青睞。每當在卡拉ＯＫ的場所裡，這首歌總是離不開你雄渾的歌喉，你甚至還滿有其事的向歌友們聲明，這首「夢寐以求」是你特地註冊的，有你在時別人都不可以唱。想不到，一轉眼已經五年了，你的歌聲，你的幽默，你的風趣豪爽也隨著你的消逝而消失，突然間我有一種奇妙的想法──當我們的親友離開了塵世，他們是到另一個空間去創造他們的新事業、新天地，去完成他們今世還沒完成的抱負與理想，我想你也是這樣，到另一個世界去創業，等待著你所有的親人，多年以後再與你團聚。

　　最後我就用這首夢寐以求及修改的歌詞賜給你在天之靈能夠無牽掛的安息吧──

　　別用那種眼光看我
　　我知道你要說什麼
　　親情在今世本是無法長久
　　你又何必長記心頭
　　有人說，長壽百歲
　　那是我們夢寐以求
　　無奈何，你與我們之間
　　只有來生，再相聚

二〇〇一年八月卅一日

吻 浪 村

白 凌

打開簸窗櫺
眼睛便飛去找海浪接吻
打開心扉
靈感卻跑去偷吻浪花
把朵朵浪花
吻成一首詩

　註：「吻浪村」是詩人平凡海濱的家

二〇〇一年八月廿日

憶 故 人

月曲了

有雨無聲
恍惚又聽見
你在讀詩
天地肅靜如深山空屋
出入其間　只可白雲
不許歲月
噢　爲何這時
又是萬箭穿心的星夜
隔世的星光
好像是隔壁燈光
打開書本
翻閱自己
只是　才讀半頁夢
此生天已亮

歸　家

蘇榮超

在一次歸家的途中
看見你駕著
超速的跑車
跑過超速的人生
白雲依然蒼狗
我們瀟洒於古今
千里談笑
就是不提未來
踩在時間的鋼索上
如昔風采
你是古代握劍的
俠客
卻忍心快意了
世間的愛戀
讓愛你和你愛的人
追逐夢與哀愁

夜獨自深沉
一彎殘月
自你眉間昇起

我們只希望
沒有明天

二〇〇一·九·

寄 平 凡

南山鶴

終於來到最不想涉足的地方
而且來了三次還不敢
看你的陌生、看你的靜寂
只能用一束美好的記憶
送你瀟灑走完最後一程

我知道你在長方形的小天地
應該還想寫詩，應該還想飲酒
在默數永恆的時候
找一個可以乾杯的人

我真的好想、好想
電話響起的另一端是你
讓我對你說聲謝謝
謝謝你的這份友誼

二〇〇三年四月廿一日

後記：「平凡」是一個極不平凡的人 —— 施清澤的筆名。他的豪邁、誠懇是我一生所僅見。吾友、何時魂兮歸來，與我共醉，即使在夢！

國家圖書館出版品預行編目資料

平凡詩集 / 平凡(施清澤)著. -- 初版. -- 臺北市：
　文史哲,民 93
　　面：　　公分. -- (文史哲詩叢 ；60)
　ISBN 957-549-542-X (平裝)

851.486　　　　　　　　　　　　　93000612

文史哲詩叢　㊿

平　凡　詩　集

著　　者：平　　　　　凡（施　清　澤）
出　版　者：文　史　哲　出　版　社
http://www.lapen.com.tw
登記證字號：行政院新聞局版臺業字五三三七號
發　行　人：彭　　　正　　　雄
發　行　所：文　史　哲　出　版　社
印　刷　者：文　史　哲　出　版　社
臺北市羅斯福路一段七十二巷四號
郵政劃撥帳號：一六一八〇一七五
電話 886-2-23511028・傳真 886-2-23965656
實價新臺幣 四二〇元
中華民國九十三年（2004）四月初版